专利权质押融资创新发展

梁怡 著

西南财经大学出版社
中国·成都

图书在版编目（CIP）数据

专利权质押融资创新发展/梁怡著.—成都:西南财经大学出版社,2023.6
ISBN 978-7-5504-5752-2

Ⅰ.①专… Ⅱ.①梁… Ⅲ.①专利权—抵押—融资—研究—中国
Ⅳ.①D923.424

中国国家版本馆 CIP 数据核字(2023)第 078402 号

专利权质押融资创新发展

ZHUANLIQUAN ZHIYA RONGZI CHUANGXIN FAZHAN

梁　怡　著

策划编辑:冯　梅　乔　雷
责任编辑:乔　雷
责任校对:张　博
封面设计:张姗姗
责任印制:朱曼丽

出版发行	西南财经大学出版社(四川省成都市光华村街 55 号)
网　　址	http://cbs.swufe.edu.cn
电子邮件	bookcj@ swufe.edu.cn
邮政编码	610074
电　　话	028-87353785
照　　排	四川胜翔数码印务设计有限公司
印　　刷	四川煤田地质制图印务有限责任公司
成品尺寸	170mm×240mm
印　　张	9.25
字　　数	174 千字
版　　次	2023 年 6 月第 1 版
印　　次	2023 年 6 月第 1 次印刷
书　　号	ISBN 978-7-5504-5752-2
定　　价	58.00 元

前 言

当前，科技型中小企业是一个国家创新的主要力量，是我国实施创新驱动发展战略、优化经济结构和转变经济发展方式的重要载体。虽然很多科技型中小企业往往拥有许多具有创新性和潜在市场价值的核心专利技术，但是苦于缺少资金而陷入守着金山过穷日子的困境。为了破解这一困局，有效地缓解科技型中小企业融资困难的问题，专利权质押贷款这种新型融资方式应运而生。

但是，当前科技型中小企业开展专利权质押融资存在以下难题：一是专利权质押融资市场中银企双方信息不对称；二是专利价值评估缺乏统一、权威的标准；三是风险控制与分担机制不完善；四是质物处置困难。这些问题的存在，制约了专利权质押融资的发展。因此，本书旨在研究如何解决专利权质押融资中存在的上述问题，为缓解科技型中小企业融资难、融资贵问题提供理论与实践的支持。

本书基于我国现阶段专利权质押融资市场尚未成熟的现实，在充分调研的基础上，运用金融前沿理论，系统梳理国内外关于专利权质押融资的研究现状，借鉴先进国家和地区的成功经验和做法，对国内主要专利权质押融资模式的利弊进行分析，总结我国专利权质押融资发展的经验，并以南宁市专利权质押融资发展为例，进行实证分析。本书内容丰富全面，理论与实务相结合，既丰富和完善了知识产权经济学的理论内涵，又拓展了专利权质押融资理论在科技型中小企业融资实务中的应用，对于促进我国专利权质押融资工作的顺利开展具有重要的现实意义。

当前，广西壮族自治区人民政府相关部门正在深入贯彻落实党的二十大精神，以及习近平总书记视察广西和参加党的二十大广西代表团讨论时的重要讲话精神，积极践行自治区党委及政府关于实施好创新驱动发展战略、加快经济社会高质量发展的系列要求。南宁市市场监管部门和园区管委会不断打开工作新思路、探索工作新方式，积极宣传、培育、推介、协助银企信息对接，发挥桥梁作用；银行金融机构活用政策，优化服务，不断推动质押标的创新、担保方式创新；企业积极培育良好信誉，开发自主核心技术，不断提升自身发展潜力。四方合作，实现了各方信息对称和有效对接，缓解了科技型中小企业融资难问题，有效推动了实体经济发展。通过开展"整园授信"，南宁市市场监管部门会同相关园区及金融机构，积极探索知识产权质押融资模式创新，引导银行、保险、担保等机构加大产品创新力度和金融服务力度，加强对科技型中小企业的金融支持力度。由于水平有限，书中难免有许多不当之处，敬请读者批评指正。本书引用了大量文献，难免遗漏一些作者的引述，在此表示歉意！

梁怡

2023 年 2 月

目　录

1 绪论

1.1 研究背景与研究意义

1.1.1 研究背景

近年来，不断累加的不确定性因素，如全球产能过剩、全球债务过高、地缘争端、全球经济疲软等，让全球经济变得脆弱不堪。目前，中国经济的对外依存度高达 30% 左右，国际市场的任何风吹草动都会影响中国的进口和出口，进而影响中国金融市场的整体稳定性。

从微观来说，资金问题仍是企业尤其是中小企业面临的一大问题。科技型中小企业是一个国家创新的主要力量，是我国实施创新驱动发展战略、优化经济结构和转变经济发展方式的重要力量，因此，科技型中小企业的发展壮大对我国经济的健康可持续发展至关重要。虽然国家相关部门出台了政策，对中小企业进行金融扶持，具体措施包括鼓励合理展期、续贷、适当降低利率、降低担保费用，提供风险补偿、贴息支持，鼓励开发适合中小企业的产品、服务等。然而，科技型中小企业以专利、商标、软件著作权等知识产权为代表的无形资产作为企业的核心资产，缺乏固定资产作为抵押担保物，与银行传统信贷业务所设置的门槛要求相去甚远，最终能获得贷款的科技型中小企业实属凤毛麟角。而且很多科技型中小企业往往拥有许多具有创新性和潜在市场价值的核心专利技术，却苦于缺少资金来支持发展，从而陷入守着金山过穷日子的困境。为了破解这一困局，有效地缓解科技型中小企业融资困难的问题，专利权质押贷款这种新型融资方式应运而生。

专利权质押融资不仅可以加速科技成果的转化和产业化，而且能极大地提升企业的市场竞争力。企业通过专利权质押可以实现融资渠道多元化，此举为企业尤其是科技型中小企业解决了融资难题，进而实现企业的发展与银行金融创新的协同发展。专利权质押融资已成为金融行业新的业务增长点，专利权质押贷款业务已在全国各地相继开展、不断探索。

但是，当前专利权质押融资市场中仍然存在以下难题：一是专利权质押融资市场中银企双方信息不对称。企业与银行之间的信息不对称常常导致信贷配给问题较一般信贷市场更加严重，银行普遍惜贷或者压低贷款额度，企业实际资金需求无法得到满足。二是专利价值评估缺乏统一、权威标准。专利价值影响因素包含诸多方面，其评估过程更是涉及法律、财务、技术、专利等多个领域，而且专利常常伴随着新技术、市场占有状况等各种因素的变化而变化，导致专利价值难以确定。三是风险控制与分担机制不完善。专利权质押融资的主要风险仍然由银行独自承担，银行出于自身利益的考虑，不太愿意向那些实力较弱的科技型中小企业发放专利权质押贷款。四是质物处置困难。专利权在变现的过程中缺少变现渠道，收回贷款较为困难，再加上我国诉讼审判在实践中一直存在执行难的问题，银行等金融机构即使赢得了诉讼，也很难获得企业实际的履行。这些问题的存在，制约了专利权质押融资的发展。因此，本书旨在研究如何解决专利权质押融资中存在的上述问题，以期为缓解中小企业融资难、融资贵问题提供理论与实践的支持。

1.1.2　研究意义

1.1.2.1　理论意义

通过广泛查阅资料发现，目前关于专利权质押融资的相关研究还是比较少的，尚未形成完整的理论体系。学者们对专利权质押融资的研究大都停留在政府政策、法律制度等信息层面，在实务层面缺乏具有可操作性的理论研究。专利权质押融资是科技金融的一个重要组成部分，本书遵循了科技金融资源配置的基本逻辑——市场能够解决的科技金融资源配置，完全由市场去运作；市场不能解决的科技金融资源配置，完全交由政府来进行；介于两者之间的科技金融配置，则由政府引导与市场决定两种作用相结合来实施。因此，本书的理论意义主要体现在两方面：一是拓展专利权质押融资理论在科技型中小企业融资实务中的应用；二是促进我国知识产权经济学科的建设和发展，丰富和完善知识产权经济学的理论内涵。

1.1.2.2 现实意义

专利权质押融资作为一种融资手段在我国发展的时间并不长，既没有形成发达国家那样完备的专利权质押融资制度与体系，也没有形成健全的专利权质押融资市场。本书将理论与实务相结合，对专利权质押融资进行深入研究，对于推进我国专利权质押融资工作的顺利开展具有重要的现实意义。对于企业而言，专利权质押融资拓宽了企业的融资渠道，有了商业银行专利权质押贷款提供的资金支持，科技型中小企业在研发新技术、新产品方面就可以加大投入，进一步激励科技型中小企业不断提升自主创新能力和经济贡献能力。对于银行而言，专利权质押融资作为新兴的信贷模式，有利于银行拓展业务范围，提高我国商业银行的竞争力，促进金融业的发展。对于国家而言，专利质押融资促进了知识产权资本化，加速了企业的科技成果转化，有利于我国国民经济的健康发展和我国综合国力的快速提升。

1.2 专利权质押融资概述

1.2.1 专利权

专利（patent）一词来源于拉丁语 litterae patentes，意为公开的信件或公共文献，是中世纪时期的君主用来颁布某种特权的证明。"专利权（patent right）"的概念最早源于英国 1623 年颁布的《独占法规》，主要表示独享某种权利的意思。世界知识产权组织对专利权的解释是专利权由政府机构或代表几个国家的地区机构根据申请而发放的一种文件，文件中说明一项发明并给予它一种法律上的地位，即此项得到专利权的发明，通常只能在专利权持有人的授权下，才能予以利用（制造、使用、出售、进口）。根据 2020 年第四次修订的《中华人民共和国专利法》和 2010 年第三次修改后的《中华人民共和国专利法实施细则》，专利权是发明创造人或其权利受让人对特定的发明创造在一定期限内依法享有的独占实施权。专利权是知识产权的一种。

1.2.2 专利权质押

根据《中华人民共和国民法典》，质押是指债务人或第三人将其动产移交债权人占有，将该动产作为债权的担保，当债务人不履行债务时，债权人有权依法就该动产卖得价金优先受偿。质押包括动产质押和权利质押。动产质押是指债务人或者第三人将其动产移交债权人占有，将该动产作为债权的担保；当债务人不履行债务时，债权人有权依照法律规定，以该动产折价或者以拍卖、变卖该动产的价款优先受偿。权利质押是指以汇票、支票、本票、债券、存款单、仓单、提单，依法可以转让的股份、股票，依法可以转让的商标专用权，专利权、著作权中的财产权，依法可以质押的其他权利等作为质权标的的担保。

专利权质押，是指专利权人（如企业）将其所拥有的有效专利权作为质押标的，出质（质押）给债权人（又称质权人，如银行），当出质人（即专利权人）不履行到期债务或者发生约定的质权实现的情形时，债权人有权依法处置该专利权，并就处置所得享有优先受偿权的一种担保方式。专利权质押就其性质来说属于权利质押。

1.2.3　专利权质押融资

1.2.3.1　专利权质押融资的定义

专利权质押融资指专利权权利人将国家知识产权局依法授予的专利进行质押，从银行等金融机构取得一定的贷款，并在约定期限内按照合约规定的金额偿还本金及利息的一种债务融资方式。严格来说，专利权质押融资的外延应该涉及信托、资产证券化、转让、许可等一系列融资渠道和方式，但由于目前我国金融市场尚未完全开放且不成熟，相关金融政策和法律法规仍不完善，因此，在我国无论是学术界还是实务界都将专利权质押融资聚焦在专利权质押贷款这一较为单一的融资方式上来，专利权质押融资更多是指银行等金融机构提供的质押融资贷款。

1.2.3.2 专利权质押融资的特点

（1）专利权质押融资客体的非物质性。

专利权质押融资的客体就是专利权。不同于其他一般的物质性客体，专利权是一种知识产权，专利权里面包含关于该专利技术的信息。专利权是一种精神智力成果的存在形式，专利权人正是通过对这些信息的掌握，从而实现对专利的支配和控制，这种客体的非物质性明确不同于以一般物质性客体作为质押物的融资方式。同时《中华人民共和国民法典》第四百四十条明确规定了专利质权是一种权利质权，权利质权的客体都是具有非物质性的。

（2）专利权质押融资具有明显的期限性。

《中华人民共和国专利法》第四十二条明确规定发明专利权的期限为二十年，实用新型专利权和外观调计专利权的期限为十年，均自申请日起计算。这说明所有专利权都是具有法定有效期限的，那么专利权质押融资也必定是有期限的，当一个专利不再受到法律的保护，那么该专利也就成为公共信息财产，专利权人之前所拥有的权利也就不复存在，专利权都不存在了，就更谈不上专利权质押融资了。

（3）专利权质押融资中的专利使用权的非转移性。

对于一般的质押而言，标的物的转移、占有是质权成立的条件，既然转移和占有了，那么出质人就对出质物失去了控制权和使用权。但是在专利质押融资中，专利权人将其专利出质而进行融资后，专利权人不会失去对专利的使用权，因为如果专利权人失去了对专利的使用权，那么专利就会因为得不到实践应用操作而不能转化成为现实价值。同时，也会因为专利的停滞使用而导致专利价值的快速贬值。

（4）专利权质押标的价值为预期值。

传统的质押融资，在设定担保物权时，用以担保的动产或不动产的价值是确定的，但是专利权质押融资时，其价值只是一个预期值，是质权人、质押人及第三方对专利价值的一个预期。订立专利权质押合同的双方当事人不但要对作为质押标的的专利权的获得受益年限进行预测，同时也要对获得这种受益所要承担的风险进行预测。因此，作为质押标的物的专利权价值只能是一个预期值，这种预期还具有很强的主观性。

（5）专利权质押融资的高风险性。

一方面，作为一种无形财产，专利权的价值受到技术进步、市场需求、评估机构及评估方法等多种因素的影响，与不动产质押相比，其价值波动更大。同时，专利权受法律保护期限的限制，超出法律保护期限其价值难以得到保障，这也造成了其价值的波动。另一方面，受交易平台、信息不对称、流动性及市场需求等因素的影响，专利的变现能力并不强，因此与传统质押贷款相比，专利权质押融资具有高风险性。

1.3　研究内容和研究方法

1.3.1　研究内容

在我国现阶段专利权质押融资市场尚未成熟的情况下，本书在充分调研的基础上，运用金融前沿理论，借鉴先进国家和地区的成功经验做法，将政府引导和市场推动相结合，整合优化多方资源，构建政产学金介"五位一体"、多方参与、利益共享、风险共担的专利质押融资体系，建设高水平的专利权质押融资综合服务平台，打造完整的专利权质押融资服务产业链。本书建议最大化地发挥科技金融推动科技创新创业的金融资源配置功能，包括科技创新及其成果转化所需资金之分配、金融组织体系之构建、金融工具体系之开发、金融制度体系之创新，以及它们形成的整体性金融功能，促进我国专利权质押融资规模和质量迈上新台阶，培育出更多的经济新增长点，为我国经济发展注入新的动力。本书具体研究内容如下：

绪论。本章包括研究背景、研究意义、专利权质押融资概述、研究内容、研究方法。首先，介绍了专利权质押融资作为一种新型的金融创新，可以有效缓解中小企业融资困难，但专利权质押融资发展依旧存在很多问题，发展仍步履维艰的背景，从而引出本书的研究意义。其次，介绍了专利权质押融资的内涵外延。最后，对本书的研究内容和研究方法进行概括。

文献综述。从专利权质押融资信息不对称问题研究、专利权质押融资风险控制研究、专利权价值评估研究、专利权质押融资相关法律制度研究、专利权质押融资发展现状研究、专利权质押融资模式研究、与发达国家专利质押融资对比研究等方面搜集国内外专利权质押融资的相关文献，系统梳理国内外关于专利权质押融资的研究现状，分点阐述，并进行了简要的述评，引出研究问题。

我国专利权质押融资发展。首先，梳理我国专利权质押融资发展历程；其次，梳理我国专利权质押融资发展模式；最后，对国内主要专利权质押融资模式的利弊进行分析，总结我国专利权质押融资发展的经验。

国外专利权质押融资发展经验借鉴。梳理美国、日本、韩国、德国等这些世界知识产权大国的专利权质押融资业务模式，提炼出可以值得我们借鉴的经验。

专利权质押融资创新发展原则。首先，阐明开发性金融理论在专利权质押融资中的作用机理；其次，阐述专利权质押融资中其他的相关理论，如信息不对称论、合作博弈论、利益平衡论、激励理论、交易结构分析、内在矛盾分析等。

南宁市专利权质押融资创新发展的实证分析。以南宁市专利质押融资发展为例，进行实证分析。首先，概括南宁市专利权质押融资发展的现状，总结发展中呈现出的特点，分析发展中存在的问题；其次，重点从专利、银行、企业、政府、中介服务机构等层面深入分析问题的成因；最后，提出南宁市专利权质押融资创新发展的对策措施。本章从搭建专利权质押融资网络服务平台、创新设计基于五大类专家联合评估的质押融资专利权价值评估机制、构建专利权质押融资多层次风险分担机制、完善专利权流转交易服务体系等角度提出南宁市专利权质押融资创新发展对策。

1.3.2 研究方法

1.3.2.1 文献研究法

文献研究法指收集、整理、鉴别文献，通过对文献进行研究，形成对研究问题的基本认识的方法。文献研究法的运用主要是在知网、维普、万方、谷歌等数据库进行大量文献搜索，通过关键词的变换、组合，尽可能地搜集国内外关于专利权质押融资的文献，并运用归纳、分析等方法对文献进行整理，分析目前国内外在该方面的研究现状，找出当前研究中的不足之处进行完善。

1.3.2.2 比较分析法

比较分析法根据实际情况确定某一恰当的标准，将同一研究对象的不同时期不同状态加以对比，或将不同研究对象的同一时期同一状态加以对比，得出结论后寻找不同对象之间的联系与区别，从而得到相关结论。比较分析法主要包括：共时性比较和历时性比较（纵比与横比）法、同类比较与异类比较研究（类比与对比）法。

1.3.2.3 社会调查法

笔者在研究开展过程中，多次组织相关专家前往全国各地的知识产权局、银行、融资服务中介机构、相关企业等单位就专利权质押融资中的信息不对称、专利价值评估、风险分担机制等问题开展调研。

1.3.2.4 逻辑分析法

本书运用批判、综合和分析等逻辑推理方法，剖析了我国专利权质押融资发展的各种模式，探讨专利权质押融资发展的方向与选择，以及新时代背景下专利质押融资发展的新思维，进而为重构我国专利权质押融资体系奠定了基础。

1.3.2.5 交叉研究法

专利权质押问题研究既属于法律研究范畴，也属于管理学、经济学、社会学的研究范畴，需要运用多学科理论与方法进行交叉研究，本书运用管理学、法学、社会学等学科的理论和方法研究专利权质押问题与对策，形成多学科融合的特点。

2 文献综述

从国内外相关的文献来看，对于无形资产、知识产权的相关研究还是比较多的，但是专门针对专利权质押融资的研究却比较少，主要集中在：专利权质押融资信息不对称问题研究、专利权质押融资风险控制研究、专利权价值评估研究、专利权质押融资相关法律制度研究、专利权质押融资发展现状研究、专利权质押融资模式研究、与发达国家专利权质押融资对比研究等方面。

2.1 专利权质押融资信息不对称问题研究综述

专利权质押融资过程中主要的信息不对称问题包括融资企业管理与运营能力信息不对称，融资企业项目风险与收益信息不对称，企业融资后行为信息不对称三个方面（刘冰，2018）。特别是融资企业在金融机构无法获得企业全部信息的情况下，可能会对企业自身的管理能力、运营状况、财务状况等问题进行隐瞒和夸大，由此来帮助自己获得更多的融资资金（李菡 等，2018）。而且，银企之间的信息不对称问题呈非线性关系且无法彻底消除（Rahul et al.，2014）。因此，这种情况常常导致"逆向选择"和"道德风险"的发生，最终使中小企业融资市场失灵（钟田丽 等，2004）。但是，政府、银行机构和中小企业都可以通过改进自身制度来降低信息不对称（Winston et al.，2014；文学舟 等，2019）。

2.2　专利权质押融资风险控制研究综述

在风险形成方面，专利权质押融资过程中的风险主要包括法律风险、估值风险、经营风险和处置风险等方面（郑兴东，2020；詹爱岚 等，2020）。程永文等（2015）还借助有限理性理论解释了专利权质押融资风险的形成机理。在风险评价方面，学者们都是基于风险形成因素构建风险评级指标体系，并不断创新评价模型。刘澄等（2018）运用卡尔曼滤波理论建立了专利权质押贷款风险动态预警模型，并运用实证方法对该模型的准确性进行了验证；鲍新中等（2020）运用改进后的区间数 TOPSIS 法对专利权质押融资风险进行评价。在风险分担机制方面，学者们大都提出了引进政府、银行、担保机构、科技保险公司等多方参与、共同分担的多层次风险分担机制（南星恒 等，2020；宋河发 等，2018；杨帆 等，2017）。

2.3 专利权价值评估研究综述

在专利权价值评估的指标和影响因素方面，有学者从微观层面提出应该用专利权数量、专利权平均被引用数、当前影响指数、技术实力、技术生命周期、科学关联性、科学强度等指标对专利权进行价值评估（Grimaldi et al.，2018；詹勇军 等，2018；吴运发 等，2019）；也有学者从宏观层面出发，分析专利权的技术价值、经济价值和法律价值（刘鸿国，2020；李娟 等，2020；杨鑫超 等，2019）。在专利权价值评估的模型（方法）方面，成本法、收益现值法和市场法是用于专利权价值评估的三种传统方法（姜文远，2019）。随着研究的深入，学者们相继提出新型专利权价值评估的方法：如实物期权法，Pakes（1986）首先使用 Black-Scholes 公式来评估专利权的价值，王钺淇和刘聪（2019）使用实物权定价模型中的 B-S 模型和二叉树模型对专利组合的价值进行评估；如模糊综合评价法，Lee、Sohn 等（2016）根据市场性、技术性和排他性建立指标，并使用模糊分析层次结构为指标分配权重；王子焉等（2019）采用熵值修正 G1 的灰色关联分析法在专利交易库中筛选高关联度的数据样本，随后使用随机森林回归模型对数据样本进行分析，得到专利权价值评估结果；如综合指数法，Ernst（2011）提出一种以专利组合规模、市场覆盖、技术关联指标为基础的专利资产指数法，该指数专门用来对专利组合进行价值评估。

2.4 专利权质押融资相关法律制度研究综述

许多学者对专利权质押法律层面的相关问题进行探讨，并提出立法完善建议。沈俊杰（2017）从专利权质押之法律定位、标的物范围、质押登记问题和其他问题等方面分析我国专利权质押面临的法律问题，提出了厘正专利权质押之法律定位等建议。甄世浩（2016）总结我国专利权质押融资面临的法律问题主要体现在专利权质押融资标的范围不明确，对质权人合法权益保护不足，专利权质押登记手续过于烦琐，专利权价值评估制度不成熟。他建议明确专利权质押的标的范围，加强质权人的合法利益保护，简化专利权质押登记手续，完善我国专利权价值评估制度。王健（2016）基于法律视角从标的、设立、效力、实现等方面对我国专利权质押制度的相关法律问题进行探究和阐释，提出要制定并完善有关专利权质押的实体与程序规则，构建有效的法律体系。方丽（2013）从知识产权质押融资业务现状分析其法律依据及可能存在的法律风险，着重从质押登记环节、合同文本及制度完善角度来提出实务操作上的法律指导建议。任中秀（2012）表示不应该一味指责专利权质押相关法律存在的问题，而应该注重对制度的解释，通过阐明法律意旨，为专利权质押提供可依据的法律前提，达到适用法律、维护法律权威的目的。丘志乔（2011）提出我国知识产权价值评估面临评估难、风险管控难、质权处置与变现难的问题，这是因为我国知识产权质押融资法律规定不尽完善、知识产权质押融资配套制度不完善，应通过建立科学规范的知识产权价值评估体系、统一的知识产权质押登记公示系统、多样化的风险防范机制、质物处置与质权的实现机制，以推动专利权质押工作的开展。刘沛佩（2010）认为必须紧紧围绕知识产权质押融资的内在制度不完备和外在支撑力量欠缺两大方面，从登记、评估、融资方式创新、风险分担机制的建立等方面对专利权质押制度进行重塑。

2.5　专利权质押融资发展现状研究综述

分析专利权质押融资现状，促进其快速发展，对于我国专利权质押融资事业的顶层设计、宏观把控具有重要意义。彭绘羽（2017）浅析了我国目前专利权质押融资的发展现状，并对未来我国专利权质押融资提出了加深加大试点工作、完善专利权质押融资配套服务、健全专利权质押政策等对策建议。靳晶（2016）提出，专利权质押融资的风险严重影响了我国专利权质押融资的发展，建议建立专业且权威的专利价值评估体系，提升专利权的变现能力，健全专利权信用担保体系，从而推动中小企业利用专利权质押来融资。邱国侠（2015）对我国专利权质押运行中存在的激励机制不灵、法律供给不足、司法救济不畅等问题进行了深度剖析，从构建激励机制、完善法律供给和畅通司法救济等方面有针对性地提出了解决专利权质押运行瓶颈问题的路径。李明星（2013）在对小微企业专利权质押融资现状及其障碍性因素进行分析的基础上，提出助推小微企业专利权产业化、构建专利权融资协同体系、持续加大对小微企业专利权信贷的支持力度、搭建专利权质押融资平台、继续实施中小企业知识产权战略推进工程等应对策略，以及实施供应链专利权融资、大数据金融等创新模式。黄斌（2012）分析了江苏省专利权质押情况，提出完善工作机制和保障机制、鼓励融资性担保机构开展专利权质押业务、大力发展知识产权评估机构和加强风险管理控制等政策建议。马碧玉（2011）提出，近几年，在政府的支持和鼓励下，我国专利权质押贷款在数量上取得了一定进展，但这种新型融资模式要取得长远的可持续发展，政府和企业都要在融资模式、交易市场、专利价值评估等方面做出努力。

2.6 专利权质押融资模式研究综述

专利权质押融资模式的选择也是专利权质押融资方式实施过程中非常重要的一环，不同地区不同企业所选取的模式是不一样的，加强这方面的研究可以为企业和银行选择正确的专利权质押融资模式提供参考依据。杜蓓蕾（2017）对我国当前的政府主导模式、政府引导下的市场化模式、市场主导模式三种专利权质押融资模式进行了分析，认为我国专利权质押融资模式应主要采用政府引导性模式。徐文（2016）的研究结果表明，专利权质押融资模式的构建应确立公开透明、诚信谨慎、风险分散、实事求是的指导性原则，并在以"生产力促进中心＋科技局"为标志的政府主导型方案和以"专利保险＋交易平台"为标志的市场引导型方案中进行选择。程落（2016）提出在选择知识产权质押融资模式时应当坚持激励相容原则、动态适应性原则和差异性原则这三大基本原则。他同时创造性地提出以企业的科技创新能力、知识产权的保护力度和金融行业的接受程度这三个环境评价指标来构建环境评价三维模型，并根据不同地区所处的具体的知识产权质押融资环境来选择融资模式。孙华平、刘桂锋（2013）对科技型小微企业专利权运营体系及其融资模式进行深入探讨，认为提高专利池信托机构能力，是科技型小微企业专利池信托融资模式运行的关键。刘璘琳（2012）在实物期权理论框架下，构建了多个专利权质押贷款的基础模型，深入探讨了分期还款模式、可提前转让专利还款模式、企业联盟模式等专利权质押贷款模式创新的可行性和有效性。章洁倩（2011）通过总结国内各地知识产权融资模式中包含的政府指令模式、市场化模式、政府出资承担风险模式、政府补贴融资成本模式，提出市场化模式将是我国知识产权质押贷款的最终发展模式，但是多元化的知识产权融资模式将更有利于我国现阶段知识产权融资模式的进一步发展。

2.7　与发达国家专利权质押融资对比研究综述

借鉴发达国家在专利权质押融资方面的政策和方式，参考美国、日本等国家在专利技术产业化方面的经验，有助于我国取长补短，促进该融资模式在我国的快速发展。江韩非（2016）重点分析了美国和日本的专利权质押融资情况，认为美国与日本已经形成日臻完善的法律制度及健全的中介服务体系，知识产权质押融资业务已步入正轨，对我国专利权质押融资的发展有许多值得借鉴的经验。徐森（2015）通过对国外的专利权质押融资先进经验以及国内试点经验的比较研究，发现欧美国家较为倾向于为企业和金融机构搭建交易的桥梁和平台，而自身更多地提供信用支持和风险管理。相比之下，东方国家如日本、韩国以及我国开展的试点地区更多地倾向于政府作为融资的主角和主导地位，将企业和金融机构进行"拉郎配"，这在一定程度上提高了融资效率，降低了融资成本，但是也存在诸多弊病。王晶亮（2013）提出，由于大陆法系与英美法系的法律传统不同，其对于专利权担保制度的调整方式也存在差异，但是二者对专利权质押融资制度的重视是相同的。美国完善的立法体系和以"担保权益"为核心的担保制度，日本实用且有效的担保制度等都对我国企业专利权质押融资制度的完善提供了有益的启示。周全、顾新等（2012）通过分析中日美三国专利权质押融资的财政支持战略和结构体系，提出我国在专利权质押融资实施方面应该树立财政支持专利实施战略，建立一个由政府、商业银行和中介服务机构等环节所共同组成的流畅的知识产权质押贷款融资体系。丁锦希、顾艳等（2011）探讨了中日两国在知识产权质押贷款中融资额度、融资期限、融资企业数方面所存在的差异，提出导致这种差异的原因是两国融资制度的不同，我国应加快知识产权评估体系和信用担保体系的建设。左玉茹（2010）专门就美国专利权质押融资模式进行研究，提出我国专利权质押融资模式政府介入程度过高，为完善我国专利权质押融资模式，可以借鉴美国的登记制度，先登记者先补偿、在互联网上按债务人相关信息进行登记、知识产权担保应该和其他担保物一起进行担保等。

2.8 研究述评

上述研究成果对于丰富专利权质押融资理论、指导相关实践工作具有重要的推动作用，但也存在诸多有待进一步研究的问题。

第一，金融机构与企业之间的信息不对称是专利权质押融资发展面临的主要障碍，但是专门针对这一问题的研究少之又少，而且大部分还只是对信息不对称的表现、成因、影响的研究，对如何解决信息不对称问题仍需深入探索。

第二，对专利权质押融资风险控制的研究，大多都还停留在对风险因素的分析和风险值的评估方面，缺乏行之有效的风险控制机制研究。

第三，对专利价值评估的研究，主要还是针对传统方法上的改进，如何降低评估人员的主观性对专利价值评估的影响仍是一个大难题。

第四，对专利权质押融资模式的研究，大多都是对现有模式发展存在的问题及发展对策的研究，缺乏模式创新研究。

因此，本书拟弥补以上研究的不足，回答以下问题：当前国内外的专利权质押融资发展现状如何？专利权质押融资创新发展的机理为何？若以南宁市为例，当前南宁市的专利权质押融资发展现状如何？存在哪些问题？成因为何？如何从信息不对称、风险分配、专利权价值评估等角度设计南宁市专利权质押融资创新发展的可行路径？

3 我国专利权质押融资发展

3.1 我国专利权质押融资发展历程

1995 年我国颁布的《中华人民共和国担保法》第七十五条第三项规定：依法可以转让的商标专用权，专利权、著作权中的财产权可以质押。该条明确规定了专利权可出质。1996 年 9 月国家知识产权局颁布了《专利权质押合同登记管理暂行办法》，我国专利权质押贷款开始缓慢启动。2006 年国务院发布实施的《国家中长期科学和技术发展规划纲要（2006—2020）》（以下简称《纲要》）第八项若干重要政策和措施中，鼓励和支持银行向中小企业提供知识产权质押贷款业务。2006 年 2 月，《国务院关于实施〈国家中长期科学和技术发展规划纲要（2006—2020 年）〉若干配套政策的通知》进一步明确要求："政策性银行、商业银行和其他金融机构开展知识产权权利质押业务试点。"但是，国家知识产权局统计数据显示，1996年至2006年9月，全国仅有682项专利在国家知识产权局进行专利权质押登记，质押总额不足50亿元人民币。

2008年中国资产评估协会制定《专利资产评估指导意见》，为专利资产评估提供了操作规范；随后，国务院通过《国家知识产权战略纲要》，鼓励企业进行知识产权市场化运作；国家知识产权局又在同年公布了第一批全国知识产权质押融资试点单位名单，拉开了政府主导专利质押贷款工作的序幕。2009年2月科技部正式下发了《中共科学技术部党组关于推动自主创新促进科学发展的意见》，明确提出促进科技与金融的紧密结合，推动知识产权质押贷款进程；同年5月，原银监会、科技部共同发布《关于进一步加大对科技型中小企业信贷支持的指导意见》，明确提出银行要积极开展专利权质押贷款业务，进一步加大对科技型中小企业的信贷支持和金融服务。2010年，国家知识产权局会同财政部等发出《关于加强知识产权质押融资与评估管理支持中小企业发展的通知》，从建立协同推进机制、创新服务机制、完善风险管理机制、深化管理机制等方面提出加强知识产权质押融资工作的意见和措施；同年10月发布的《专利权质押登记办法》通过简化、规范质押登记程序，进一步促进专利权的运用和资金融通，保障债权的实现。《专利权质押登记办法》的施行和专利质押融资试点工作的开展大大促进了专利权的运用和资金融通。据统计，2006 年 1 月至 2011 年 6 月，全国已累计实现专利权质押 3 361 件，质押金额达人民币 318.5 亿元（含外汇）。

2013 年，原银监会同国家知识产权相关主管部门联合发布了《关于商业银行知识产权质押贷款业务的指导意见》，对商业银行进行知识产权质押融资业务等方面提出了相关具体要求。2015 年，国家知识产权局发布《关于做好 2015 年以市场化方式促进知识产权运营服务工作的通知》，明确指出，设立知识产权补偿基金，支持辽宁、山东、广东、四川 4 个省份设立专利权质押融资风险补偿基金，每个省 5 000 万元。2016 年为充分发挥知识产权投融资工作对国家创新发展的积极促进作用，国家知识产权局决定在广州市等 72 个地区和单位开展专利权质押融资、专利保险试点示范工作。2016 年，全国专利权质押融资额达 436 亿元人民币。2017 年，《国务院关于强化实施创新驱动发展战略进一步推进大众创业万众创新深入发展的意见》及《国务院办公厅关于建设第二批大众创业万众创新示范基地的实施意见》明确指出，推广专利权质押等知识产权融资模式，鼓励保险公司为科技型中小企业知识产权融资提供保证保险服务，对符合条件的由地方各级人民政府提供风险补偿或保费补贴。2017 年，全国实现专利质押融资总额 720 亿元，同比增长 65%；专利质押项目数 4 177 项，同比增长 60%。2018 年，全国专利权质押融资金额达 885 亿元，同比增长 23%；质押项目 5 408 项，同比增长 29%。2019 年，全国专利权质押融资金额达 1 105 亿元，同比增长 24.8%。

我国近年来出台的专利权质押融资相关政策一览表见表 3.1。

表 3.1　我国近年来出台的专利权质押融资相关政策一览表

颁布时间	文件名称	出台机构	主要内容
1995 年	《中华人民共和国担保法》	中华人民共和国第八届全国人大常委会	第七十五条第三款规定："依法可转让的商标专用权，专利权、著作权中的财产权可以质押
1996 年	《专利权质押合同登记管理暂行办法》	国家知识产权局	对专利权质押合同的内容、形式要求、登记操作办法以及专利权质押登记变更等作了较为详细的规定
2001 年	《资产评估准则——无形资产》	财政部	对评估无形资产做出了总体上的规定
2006 年	《财政部 国家知识产权局〈关于加强知识产权资产评估管理工作若干问题〉的通知》	财政部、国家知识产权局	对知识产权价值评估行为做出了更具体的规范
2006 年	《国家中长期科学和技术发展规划纲要 （2006—2020）》	国务院	鼓励和支持银行向中小企业提供知识产权质押贷款业务
2007 年	《中华人民共和国物权法》	中华人民共和国第十届全国人大	在权利质权一章中对专利权质押制度进行了相应的规定

表3.1(续)

颁布时间	文件名称	出台机构	主要内容
2006 年、2007 年	《中国银行业监督管理委员会关于商业银行改善和加强对高新技术企业金融服务的指导意见》《中国银行业监督管理委员会关于印发〈支持国家重大科技项目的政策性金融政策的实施细则〉的通知》	原银监会	对我国中小企业专利权质押融资提供了具体的指导意见
2008 年	《国家知识产权战略纲要》	国务院	鼓励企业进行知识产权市场化运作
2008 年	《专利资产评估指导意见》	中国资产评估协会	为专利资产评估提供了操作规范
2009 年	《中共科学技术部党组关于推动自主创新促进科学发展的意见》	科技部	促进科技与金融的紧密结合，推动知识产权质押贷款进程
2009 年	《关于进一步加大对科技型中小企业信贷支持的指导意见》	银监会、科技部	银行要积极开展专利权质押贷款业务，进一步加大对科技型中小企业的信贷支持和金融服务
2010 年	《关于加强知识产权质押融资与评估管理 支持中小企业发展的通知》	国家知识产权局会同财政部等六部委	从建立协同推进机制、创新服务机制、完善风险管理机制、深化管理机制等方面提出加强知识产权质押融资工作的意见和措施

表3.1(续)

颁布时间	文件名称	出台机构	主要内容
2010 年	《专利权质押登记管理办法》	国家知识产权局	修订了1996年的《专利权质押合同登记管理暂行办法》,通过简化、规范质押登记程序进一步促进专利权的运用和资金融通,保障债权的实现
2010 年	《关于加强知识产权质押融资与评估管理支持中小企业发展的通知》	国家知识产权局等四部门	对知识产权质押融资与评估管理进一步规范
2013 年	《关于商业银行知识产权质押贷款业务的指导意见》	原中国银监会同国家知识产权局相关主管部门	对商业银行进行知识产权质押融资业务等方面提出了相关具体要求
2015 年	《国家知识产权局关于进一步推动知识产权金融服务工作的意见》	国家知识产权局	充分发挥财政资金的杠杆放大和风险保障作用,对专利权质押融资贷款进行风险补偿,有效防范化解知识产权质押贷款风险,充分调动各类金融机构的积极性,推动银行简化专利权质押融资流程,加快实现知识产权金融服务规模化、常态化

表3.1(续)

颁布时间	文件名称	出台机构	主要内容
2017 年	《国务院关于强化实施创新驱动发展战略进一步推进大众创业万众创新深入发展的意见》	国务院	推广专利权质押等知识产权融资模式，鼓励保险公司为科技型中小企业知识产权融资提供保证保险服务，对符合条件的由地方各级人民政府提供风险补偿或保费补贴
2017 年	《关于抓紧落实专利质押融资有关工作的通知》	国家知识产权局	对深入开展知识产权质押融资工作提出明确要求

3.2 我国部分地区专利权质押融资发展模式

尽管在专利权质押融资方面取得了较大的进展，但我国仍处于起步和探索阶段。我国各地区结合当地企业结构和经济发展实际，纷纷采取了适合自身的专利权质押融资模式。

3.2.1 北京模式

自 2006 年发放首笔专利权贷款以来，北京在专利权质押融资方面取得了实质性的进展。北京模式可以总结为"直接质押融资"模式。该种模式最为接近美国等发达国家的融资模式，即政府起引导和支持作用，专利权质押融资主要在高新技术企业、金融机构、中介服务机构之间达成。其中，颇为引人注目的是交通银行北京分行开发的"展业通"产品，该产品通过引入律师事务所、资产评估公司和信用担保公司的"五方平台"，帮助企业和银行间搭建质押融资桥梁。企业凭借自身所具有的核心专利权向商业银行提出专利权质押融资需求；商业银行根据企业提出的申请邀请专业的资产评估公司对专利权进行估值，其中着重对于专利权的价值和变现能力做出评估，保障债权人自身权利；商业银行根据资产评估公司所做的专利估值引入信用担保公司并确定初步的质押融资率；律师事务所对整个过程进行全程监督，并对专利权涉及的潜在法律风险（包括估值风险、变现风险、被注销被转让风险、逆向工程、围绕设计、合理使用、强制许可等）进行法律评估，并出具相关法律意见书；政府为该笔专利权质押融资贷款提供财政贴息；商业银行发放贷款并在事后进行贷后调查，随时对核心质物——专利权进行判断分析，发现质物有价值贬损或失效风险时可及时要求企业补足抵押物或随时清偿。

由此可见，北京模式属于较为开放、自由的"直接融资"模式，通过引入中介服务机构实现"收益共享、风险共担"的连带责任机制，将贷款风险通过连带方式由中介服务机构与商业银行共担，政府仅仅在其中起到完善法规制定和资金支持的工作。这种近乎"放任"的做法使得专利权质押融资更多体现了市场化的特色，促进了资源的合理配置，也为银企双方的互利共赢提供了充足的空间。

3.2.2 上海模式

与"北京模式"完全不同的是，上海模式更多采取政府主导的"间接质押融资"模式。这种模式与"直接质押融资"模式正好相反，政府在其中更为主动地参与到企业融资中去，不仅制定了一系列政策法规，还以中介服务机构的角色参与进来，并扮演了资产评估和信用担保的双重身份。政府以贴息的方式将专项资金注入上海浦东生产力促进中心，并以杠杆发放形式向企业进行担保融资。企业将自身所拥有的专利权通过反担保的形式质押给浦东生产力促进中心，然后再向银行获得融资。在这种模式下，浦东生产力促进中心承担了对企业专利权的价值评估工作，采取简易的评估模式加快放贷速度，并为该笔专利权质押融资提供信用担保。

值得注意的是，在这种模式下，浦东生产力促进中心并未通过专业的中介服务机构提供资产评估和信用担保服务，因此在风险承担和收益之间呈现极不对等的状况，加大了政府在专利权质押融资过程中的潜在风险。同时由于未能采取商业化运作，使得浦东生产力促进中心运行成本较高，导致高新技术企业贷款成本过高，影响企业贷款的积极性和商业银行的参与度。为了解决这个问题，上海市人民政府尝试引入直接质押融资模式，但具体效果仍有待观察。

3.2.3 武汉模式

由于开展时间较晚，武汉在专利权质押融资方面汲取了北京和上海的经验教训，采取了一种"直接+间接质押融资"的混合模式。政府通过制定政策，允许企业通过直接方式或间接方式向商业银行进行专利权质押融资。在这种模式中，政府以一种较为中性的方式介入专利权质押融资交易，即由知识产权局将根据自身平台数据筛选出来的优质专利权向商业银行进行推介，同时搭建知识产权质押融资平台，建立知识产权中介服务联盟，吸引包括评估、代理、咨询、金融、担保以及其他六大类机构进驻平台，为交易各方提供专利权的展示和流转服务。除此之外，知识产权局还联合财政局为专利权质押融资提供专项财政贴息，并为高新技术企业的专利权提供估值和评价服务。在发放贷款的过程中，交易双方还引入第三方担保公司为专利权质押融资提供担保，这在一定程度上解决了"间接融资"模式中担保机构专业性不足的问题。

从融资效果来看，武汉模式取得了一定程度的进步，但是成效依然不算显著。这与武汉地区资产评估公司的专业化程度不足有着一定关系。然而我们也应看到，政府在其中起到了"服务型"政府的作用，其综合服务平台也初具规模，在知识产权交易系统、投融资服务方面均有所改进，使得专利权可以更为方便地在平台上进行公示、转让。这些举措在较大层面上解决了专利权变现难的问题，商业银行可以在平台上随时查看质押专利权以及相似专利权的估值情况，从而更为全面地掌握质物信息，在暴露风险时可以第一时间要求企业进行追加担保或提前清偿，解决了商业银行的后顾之忧。由此可见，政府既不适宜充当"大管家"，也不适宜充当"甩手掌柜"，而更应当扮演为银企双方服务的角色，积极完善制度建设和政策法规，搭建专利权的交易平台，更好地发挥专利权质押融资的应有作用。

3.2.4 青岛模式

在没有厘清"贷款难""贷款贵"之间的关系之前，有关方开展专利权质押融资工作，往往习惯用政府财政资金建风险池的方式，去转移金融机构贷款风险。由于风险池资金有限，市场需求无限，因此，有限的财政资金无法解决无限的市场需求。青岛找到根源，分清责任，有的放矢地解决了问题，市场问题由市场解决，政策问题由政府解决。青岛模式提出了"市场化运作解决贷款难、政策引导缓解贷款贵、专业化服务化解贷款风险"的工作体系。总体而言，就是利用专业化服务，来保障"荐、评、担、险、贷"风险化解体系工作目标的实现。

一是"荐"。为加强对贷款申请企业的道德风险控制，青岛采取由区（市）或功能园区的主管部门推荐的制度，理顺了工作程序，提高了管理能力，扩大了信息的补充渠道，丰富了道德风险把控手段。二是"评"。青岛利用专业的专利咨询机构对拟质押的专利权进行法律性、技术性、经济性方面的评价，此举改变了知识产权价值评估的传统做法，满足了金融服务机构对企业拟质押专利技术的评估需求，降低了企业的融资成本，引导专利咨询机构从传统的代理服务业务，深入知识产权运营工作中。三是"担"。担保公司不仅承担20%的贷款风险担保责任，在贷款调查工作中尽职尽责，而且还完成了为贷款企业提供增信的工作职责，同时还创新性地解决了因为企业银行贷款出现逾期产生罚息与保险公司履行赔付责任滞后的矛盾，首次解决了《中国人民银行贷款通则》与《中华人民共和国保险法》中相关规定不兼容的难点。四是"险"。由于保险公司承担了60%的贷款风险，极大地覆盖了银行贷款风险，减少了银行贷款风险压力，实现了用市场化机制化解风险，而且在尽职调查工作中提供了不同的风险识别的经验判断，排除了贷款企业的突发性风险。五是"贷"。商业银行提供专利权质押贷款服务，并承担20%的贷款风险，不仅为企业扩大再生产提供流动资金的保障，而且对中小企业的第一还款来源、财务管理、资金使用、企业诚信以及经营管理提供风险排查依据。

"青岛模式"的成功之处，就是在没有改变任何一家专业服务机构内部风险把控规章制度的前提下，通过优势互补，相互补位观察风险，形成完善的风险化解体系，政策问题由政府解决，市场问题由市场解决。青岛市人民政府相关部门联合出台《青岛市科技型中小微企业专利权质押保险贷款和资助管理办法》，明确相关政府部门的工作职责。青岛模式下，政府不主导专利质押保险贷款工作如何开展，而是将有限的财政资助资金安排到如何帮助科技型中小微企业解决贷款贵的主线上。

3.2.5 重庆模式

2012 年，国家知识产权局将重庆市两江新区确定为全国知识产权质押融资试点区，重庆开始尝试知识产权质押融资业务，并形成了具有自身特色的运行模式。

重庆开展的知识产权质押融资实际上是将"政府补贴融资成本型"和"政府出资分担风险型"两种模式进行了融合：一方面扶持中介服务，调动市场主体的参与积极性；另一方面建立风险补偿机制，加强融资风险管控。通过两种手段共同推进知识产权质押融资业务的积极发展。

重庆采取"政府+银行+知识产权评估机构+融资担保机构+贷款保证保险机构"的"多方联合质押贷款"新业态，积极探索企业开展知识产权质押融资的新路径。在知识产权质押融资实践操作中，重庆模式最大的创新点在于引入多方风险分担机制，并将企业承担的风险控制在10%以内，既帮助企业解决了融资难题，也有利于吸引企业通过知识产权质押进行融资。政府、银行和中介机构各司其职，政府的主要职责是扶持中介机构和建立风险补偿机制，而银行则通过知识产权与实物产权结合质押以及保险等方式来分散风险。

尽管重庆于 2015 年出台了《重庆市知识产权质押融资管理办法（试行）》及《重庆市知识产权质押融资操作指引（试行）》两份规范性文件，对知识产权质押融资的一些基本问题都作出了相关规定，但其还不够完善，主要存在两方面的问题：一是规定过于粗糙和原则化，尤其是对于知识产权的价值评估、质押程序等方面还缺乏明确的操作规范，对于融资业务的有效指引还需进一步加强；二是将知识产权质押融资的标的物仅限于专利权和集成电路布图设计专有权，将著作权、商标权、商业秘密等其他形式的知识产权排除在外。而在实践中，一种知识产权往往需要整合其他知识产权才能最大限度发挥其价值，这种规定在较大程度上限制了知识产权质押融资方式的选择。

3.2.6 广州模式

在知识产权质押融资实践中，广州创造了"政府推动，市场主导，银企对接，服务配套"的模式。2009 年《广州市知识产权专项资金管理办法》出台，实施专利权质押融资贴息和评估担保扶持，开始推动知识产权质押贷款业务的开展。知识产权质押融资工作在广州市开始试点。广州市知识产权局代表广州市人民政府在试点初期和包括中国建设银行广东省分行在内的五家银行签订了《广州市促进知识产权质押融资合作协议》，一次性给企业三年额度为 200 亿元的知识产权质押融资授信金额，为试点工作的顺利开展提供了信贷资金保障。

试点以来，为了对解决知识产权质押后的处置问题实行有效的探索，广州市制定了《广州市知识产权质押融资试点工作方案》，将市、区知识产权质押融资直接联系起来，使企业、银行和评估机构三方顺利对接，构建了将国家专利技术（广州）展示交易中心、广州产权交易所集团、广州技术产权交易所、知识城知识产权交易中心等多方紧密结合的知识产权交易市场体系。

2013年6月，广州市股权交易中心更是推出了"两权质押、投贷联动"的知识产权投融资产品，成为首家推出知识产权交易板块的区域性股权交易市场。广州市通过知识产权流通渠道的构建，引入专业评估机构、担保机构等，通过多方合作来降低知识产权质押融资风险。目前，广州市正在探索知识产权与股权、债权的转化，以求在融资风险发生时，通过转化机制的商业化手段化解违约风险。

3.2.7 揭阳模式

揭阳市开展知识产权质押融资借鉴了"市场主导、政府引导"的模式，并且依托揭阳市大力发展电子商务的良好政策环境，积极发展"互联网+"知识产权质押融资模式。揭阳市科技型中小企业知识产权质押融资模式的构建，主要包括四个主体，分别是政府、企业、互联网平台和商业银行，只有这四个主体的相互配合和密切协作才能有效搭建起知识产权质押融资的完整体系，确保该模式的顺利实行。

企业有融资需求时可以在互联网平台反映，知识产权质押融资综合服务平台会对企业进行贷前调查，包括银行进行贷款审查、律师事务所进行法律审查和资产评估机构进行资产估查，最终由服务平台将信息反馈到互联网平台。同时政府也会对企业提供评估费和贴息支持、对互联网平台提供风险补偿。最终，互联网平台将信息汇总，交由知识产权交易中心进行处理。

揭阳模式创新利用了新兴的互联网技术，但同时也有其难点。一是知识产权质押融资风险大。知识产权价值评估是一项非常复杂的技术问题，特别是著作权评估最难。由于著作权分为著作人身权和著作财产权，著作权与专利权、商标权有时有交叉，使得知识产权评估工作很难开展。二是颁布关于知识产权的法律由于颁布部门不一致，法律间缺乏统一性，特别是各种知识产权相互交叉的情况，法律也没有明确的规定，这给知识产权的评估操作带来不便。而且办理质押登记需要到北京登记，并且登记商标、著作权和专利的机构不同，增加了知识产权质押登记的难度。三是互联网存在许多漏洞，虚假成分过高，信息的不透明性为专利权质押融资的进行增加了难度。

3.2.8　东莞模式

自从 2009 年 9 月以来，东莞市着手开展全国性的知识产权质押
融资试点工作，同时采取了"多管齐下、共同推进"的实验模式，
使得知识产权质押融资工作有条不紊地顺利进行。

为大力推进知识产权质押融资工作的开展，东莞市在 2010 年夏
季先后颁布了《东莞市科技金融结合试点市科技贷款风险准备金管
理暂行办法》《东莞市专利权质押贷款管理暂行办法》和《东莞市
专利资产评估及交易资助暂行办法》等一系列详细政策。市财政更
是为金融机构设立了 5 000 万元的科技贷款风险准备金，若金融机构
直接向科技企业发放以专利质押为主的贷款项目，则可从科技贷款
风险准备金中提取风险补偿金。此外，东莞市知识产权局与市财政
局等相关单位成立专门机构，委托专业机构建立需求库。

3.2.9　深圳模式

深圳市一直主张市场化发展，政府处于被动地位，而知识产权
质押贷款业务开展初期恰恰需要政府的政策支持。深圳的银行盈利
模式较为稳定，整个金融圈原有业务较为活跃，对于新尝试兴趣并
不大。不过随着我国加大深化双创动力的力度，深圳市逐步开始重
视知识产权质押贷款业务并实施了一系列值得借鉴的有效措施。针
对风险防控，深圳先在南山区进行试点，发展出具有贴息补费的

"南山模式"，区内银行也是如此，在部分支行实行试点，在获得相关成功经验后进一步拓展；根据自身优势，深圳大力推崇"再担保"的发展模式，整体上，银行只需要承担 10% 的贷款风险，此举进一步提高了贷款银行的参与积极性；针对信息不对称，深圳市引进了隶属于中国资产评估协会的中金浩资产评估公司给银行和中小企业提供信用再担保，还为经过筛选的融资企业与参与银行举办供需交接会，促进知识产权的价值体现与运用。

深圳在一开始主张主要由市场调配资源，希望打造一个服务型的政府并将其作为政府的行政理念。近年来，深圳对于知识产权融资的需求开始膨胀，由知识产权局为主的相关部门灵活适用政策使银企对接、保障担保和评估。2012 年 4 月，深圳市人民政府办公厅印发《深圳市促进知识产权质押融资若干措施》，在全国首先建立了一套知识产权质押融资再担保体系。

该措施从机制、平台、评估、放贷、担保、交易、配套服务、推进保障八个方面推动了深圳市的知识产权质押融资工作，为创新型中小企业发展解决了资金问题。依照该措施，由深圳市再担保中心为全市的知识产权质押融资业务提供再担保，再担保中心、融资性担保机构、商业银行按照 5：4：1 的比例共同承担贷款风险。

3.3 国内主要专利权质押融资模式的经验总结

通过上文的论述可以得知，北京、上海、广东等地区的专利权质押融资模式基本上涵盖了我国目前专利权质押融资工作开展的主要模式，政府、银行、中介机构以及企业所扮演的角色、承担的风险以及防范风险的对策既有共性又各具特点，这些地区积累起来的实践经验既有成功的可推广的做法，也有共同的难以规避的风险问题。

第一，在融资企业选择方面，几乎所有试点城市为了降低风险都设置了比较高的准入门槛，贷款额度一般都是一万元，这使很多处于初创期的科技型企业不能筹集到所需的资金。所以在今后的试点建设推进中，应适当降低准入门槛，向科技型中小企业倾斜，扩大受益企业范围，使更多的企业能够顺利融资，进而发展壮大。

第二，在争取银行合作方面，银行的积极参与是开展专利权质押融资的关键。如北京为推动专利权质押融资工作，多次联合商业银行，共同研讨质押融资实施方案，签署战略合作协议。不仅吸引了众多银行介入此项业务，形成银行间在产品与服务方面的竞争态势，而且专门成立科技支行，开展科技金融服务，高效推动了专利权质押融资服务工作的落实。

第三，在中介机构建设方面，各地搭建知识产权服务平台，引进权威的知识产权评估机构和律师事务所，健全知识产权交易市场功能的做法值得重视。如重庆科融知识产权服务有限公司与多家银行、保险公司、评估机构、处置机构开展合作，建立了重庆知识产权质押融资服务平台。一方面，专利权作为最重要的一种知识产权，其价值评估既是一个复杂的技术问题，也是银行考虑放贷的重要参考因素之一，只有加强与评估机构和法律机构的合作，才能为金融机构的授信提供科学的价值参考。另一方面，专利权质押物处置困难是金融机构对开展专利权质押贷款业务持观望态度的主要原因，只有顺利开通质押物的转让和变现渠道才能解除金融机构的疑虑，免去其放款的后顾之忧。

第四，在政府补贴优惠方面，大部分模式中政府都对贷款企业提供了贷款贴息，在有的模式中甚至还对相关中介机构进行补贴，这使得贷款企业的融资成本降低，从试点初期来看有利于这项业务的开展，但从长期来看，政府的贴息成本很高，要避免各机构对政府财政的依赖，实现市场化运作。特别是像上海这样的发展模式，政府出资建立的担保中心承担了几乎全部的风险，而银行只是象征性地承担了风险，长期的利益分配机制不合理会使这项业务难以为继。

第五，在风险分担机制方面，广东揭阳的发展模式有一定借鉴意义。其在贷前审查上由科技专家库进行把关，在贷后监管上，由专利权质押融资项目动态数据管理库来实施动态监控，而且建立了由企业、银行和中介机构三方共同分担风险的机制，一旦企业逾期不还贷款，三方会及时充分利用各自资源对质押物进行处置，有效分散风险。

第六，在征信方面，要建立完善的区域科技型中小企业的征信系统。企业征信系统的建立有利于在制度层面约束企业，提升企业的信用水平。完善的征信系统有利于商业银行有效实现对融资企业的风险管控，从而调动商业银行从事知识产权质押融资的积极性。

4 国外专利权质押融资发展经验借鉴

国外知识产权质押融资业务开展较早，相关理论和模式研究也较早，包括美、德、法、日、韩等在内的发达国家也都在积极探索知识产权质押融资业务，特别是日、美、德、韩这些世界知识产权大国，相对于我国开展此项业务的实例比较多，经验比较丰富，模式也比较成熟。

4.1 美国专利权质押融资模式

美国是世界上资本市场最发达的国家，政府基本上很少对市场进行直接干预，而是为资本市场提供如完善相关法律法规、营造良好市场环境等服务，此举给市场经济的发展和金融机构的发展提供了最自由的平台。1952 年美国起草完成了《美国统一商法典》

（UCC），该法典在知识产权担保融资方面有较多创新之处：可以在未来取得的知识产权上进行担保、创设了"通知登记制"、扩大了知识产权担保融资的范围。这种市场原则和合作模式决定了美国的知识产权质押融资是以市场主导型为主的模式。

4.1.1 美国联邦中小企业局提供融资担保（SBA 模式）

美国联邦中小企业管理局（Small Business Administration，SBA）作为美国联邦政府的一级机构，与许多银行有着紧密的贷款担保合作关系。SBA 是一个为小企业提供管理咨询、业务拓展、法律援助和利益保护，并维护自由竞争企业的独立性的专业化的服务机构。SBA 主要扶持小企业顺利发展，但是它并不直接贷款给小企业，也不直接对小企业在融资过程中提供担保，而是在小企业原有的担保的基础上对其进行信用保证和信用加强，给资金供求双方（银企双方）提供一个信用平台，而中小企业需要向 SBA 提供包括知识产权在内的反担保，通过市场化的方式来完成质押融资业务。在 SBA 的不懈努力下，许多科技型中小企业获得了贷款，同时，也让很多的商业银行意识到知识产权融资拥有巨大的利润空间。SBA 对企业贷款提供较高比例的担保，而且贷款期限十分久远。SBA 具有极高的信誉，对相关企业的资信状况、商业计划、市场前景等比较了解，可以对银行的放款金额给予一定的建议，帮助科技型中小企业顺利获得发展所需资金。

4.1.2　M-CAM"保证资产收购价格"服务（CAPP 模式）

M-CAM 公司是一家对无形资产提供融资、投资、市场化运行等全方位服务的全球性资产管理公司，随着美国知识产权质押融资业务的迅猛发展，SBA 模式已不能完全满足资本市场的需求。为更好地服务科技型中小企业，2000 年，M-CAM 公司依靠其在知识产权等无形资产市场化运行方面的丰富经验和专业能力，和对无形资产市场化价值的准确认识，研究出一种对知识产权进行质押融资的新模式，即保证资产收购价格机制（Certified Asset Purchasing Price，CAPP），旨在为科技型中小企业提供信用加强，并对金融机构关于质押标的变现提供解决方案，消除金融机构对知识产权处置的后顾之忧，降低金融机构的投资风险。

CAPP 模式和 SAB 模式类似，M-CAM 公司也不直接提供贷款给科技型中小企业，而是对企业的知识产权进行市场化价值评估，然后依据评估结果给予企业信用保证或信用加强，同时对金融机构提供质押标的知识产权回购服务，保证企业在未来的还款期内不能偿还贷款时 M-CAM 公司将以规定的价格回购所质押的知识产权。M-CAM公司创造的 CAPP 模式不仅加强了企业的信用，降低了知识产权市场化的交易风险，也对金融机构进行了资产保证，提升了金融机构的投资信心，促进了知识产权质押融资业务的发展。

4.2 日本专利权质押融资模式

日本知识产权质押融资起步较早，是世界上最早实施知识产权质押融资的国家，融资困难且拥有一定知识产权的科技型中小企业是日本知识产权质押融资的主要对象。日本的知识产权评估体系也相对完善，其经济产业省知识产权政策室分别制定了《知识产权价值评估方法》和《中小企业知识产权资产管理实践指南》，这两份文件对知识产权价值评估起到了积极作用，日本在 2004 年又制订了《知识产权信息公开指南》。在实践中，日本政府积极动员企业利用其拥有的知识产权进行质押融资。2002 年 7 月，日本政府制定了《知识产权法发展战略纲要》，同年 12 月，又颁布了《知识产权基本法》，目的就是将日本打造成高新产业知识产权大国，而作为知识产权中重要一环的知识产权融资，也得到了日本政府的高度重视。日本的专利权质押融资模式也是政府主导型。

4.2.1 政府主导、金融协助的知识产权质押融资模式（DBJ 模式）

日本设立了以政府为背景的政策银行为主导、以商业银行为辅的知识产权质押融资模式，另外，日本的民间银行与政策性银行也会联合实施一定的知识产权质押融资业务。在日本，由于大企业可以提供的担保财产较为丰富，因而知识产权融资业务主要针对的是中小企业以及新兴产业。日本政策投资银行（Development Bank of Japan，DBJ）负责办理相关的知识产权质押业务，具有特殊的地位，承担着政府的主导角色。

在这种融资模式下，科技型中小企业以其所拥有的知识产权作为质押标的直接向 DBJ 申请贷款，DBJ 委托评估部门对质押标的知识产权进行价值评估，通过资产管理部门对知识产权资产进行资产审核，然后 DBJ 在相关部门出具的评估结果和审核报告书的基础上结合企业的资金需求确定质押融资的额度，然后发放贷款。知识产权质押融资是以未来的现金流作为担保的，其价值的不确定性和波动性很大，而且高新科技产业本身就具有很高的风险，DBJ 为了降低风险有时会需要日本信用担保协会对科技型中小企业进行担保。在 DBJ 模式中，日本政府并不直接参与知识产权质押融资交易，而是根据政策导向对整个知识产权质押融资流程进行监管。

在实际融资过程中，DBJ 作为贷款的提供者，不仅根据政府的政策导向直接给企业提供知识产权质押融资，而且还作为被质押知识产权资产的运行者，对知识产权资产进行运作，以降低企业违约所带来的风险和不能按时还款所带来的经济损失，同时它也作为一个融资组织的协调者联合国内的商业银行和私有银行形成一个合作集团，在集聚资金资本的同时分散知识产权质押融资过程中所产生的风险，以此扩大知识产权质押融资的业务范围。

4.2.2 信用保证协会模式

为了促进科技型中小企业能够更好地进行知识产权质押融资且有更多的融资渠道，日本政府在 DBJ 模式之外还建立了较为完善的中小企业信用担保体系，以此来支撑和发展知识产权质押融资业务。1953 年，日本政府颁布了《信用保证协会法》，在此基础上，日本政府和金融机构于 1955 年共同出资成立了以中小企业为保证对象的政策性金融机构——信用保证协会。

科技型中小企业凭借自主知识产权向金融机构质押申请融资贷款时，需要向信用保证协会申请信用保证，或者由金融机构直接向信用保证协会申请对需要融资的科技型中小企业进行信用担保，信用保证协会在对企业进行尽职调查和审核后向金融机构发出"信用保证书"，最后由金融机构对企业进行融资贷款。信用保证协会要与日本信用保险公库签订"信用保险协议"，同时也要和地方政府签订"损失补助协议"，以降低其风险，减轻其负担。如果中小企业能够在还款期内按时还贷，则信用保证协会解除相应保证责任；如果中小企业不能按时还贷，则由信用保证协会补偿金融机构的损失，并自动成为债权人，同时日本信用保险公库会支付代偿金额的 70% 给信用保证协会，日本政府也会对信用保证协会进行损失补助，以此来弥补其损失，分担其风险。当中小企业最后不能正常持续经营以偿还信用保证协会的代偿额时，信用保证协会将对其质押的知识产权资产进行市场化处理以弥补损失。

4.3 韩国专利权质押融资模式

韩国独立以后就开始大力发展本国经济，当时的韩国基本上没有什么大型企业，主要依靠中小企业的发展来带动国家经济的发展，所以韩国政府很重视并且很支持中小企业的发展，出台了一系列的法律法规扶持中小企业的快速发展，如韩国宪法第 123 条中就明确规定政府要促进和保护中小企业。

20 世纪 80 年代末，人们意识到科技创新对经济发展和国家竞争日趋重要，韩国政府为提高科技型中小企业技术创新的积极性，制定了相应的技术信用担保计划。2000 年，韩国政府为了能够更好地对中小企业的技术产业化进行支持，由政府出资组织成立了韩国技术交易中心（Korea Technology Transfer Center，KTTC）。KTTC 是由韩国政府出资成立的隶属于韩国产业资源部的唯一一个从事技术转移的组织，主要通过建立国家技术转让数据库和创建国家间的技术转让网络来构筑公共及民间部门的技术转移体系，为技术供求双方提供技术交易平台及支持系统。该交易中心推进技术产业化的主要模式有技术评估和技术交易等，其先进的运行机制使之成为韩国目前最具规模的国家级技术转移机构，也为知识产权质押融资业务的开展提供了专业场所。

KTTC 是在韩国政府的完全掌控下运行的，它实行的是会员准入制，只有通过政府许可的金融机构、担保机构、技术评估和交易机构等才能开展高新技术企业的知识产权交易。隶属于 KTTC 的韩国知识产权评估中心对科技型中小企业的知识产权进行价值评估并出具相应的评估报告，KTTC 对科技型中小企业及其知识产权进行担保，并对质押标的知识产权资产进行管理。在韩国政府和金融机构签订旨在为企业提供资金帮助的合作协议的基础上，科技型中小企业与金融机构签订知识产权质押协议，金融机构根据知识产权评估中心出具的评估报告和企业所需的资金额度对企业进行贷款融资。

韩国的科技信用担保基金在政府的全力推动下不断壮大，但这种超"综合性"的大型金融机构无法在其他国家进行复制。这种国家型的科技信用担保基金能够紧密配合国家的高新技术发展战略，举全国之力谋求科技上的进取和突破，帮助三星、LG 等国际化企业成功实现飞跃。然而，这种"高大全"的基金在某种情况下有综合化经营的通病，即缺乏风险共担和制衡机制，因而容易出现道德风险等隐患，降低了市场经济的活力，不能完全实现市场本身的资源配置功能，在一定程度上对专利权质押融资发展的深度和广度存在制约。

4.4 德国专利权质押融资模式

19 世纪后期，德国开始了产业革命，但当时德国的资本市场不活跃，主要由商业银行对企业进行融资以解决企业的资金困难。二战后，德国的经济发展受到严重的影响，再加上金融危机的爆发，德国的经济陷入低谷，进入低迷时期，企业受到重创，不能偿还贷款，只能依靠商业银行对企业股份进行回购，从而形成了银企相互依存的局面。在欧洲，德国是拥有中小企业数量最多的国家，其比例高达全国企业总数的 98% 以上，而且这些中小型企业的发展普遍比较稳定，所以富有活力的中小企业成为德国经济发展的核心支撑。为了扶持中小企业，解决其资金难题，德国政府从以下两方面对中小企业进行资金支持：一方面，实行贴息政策，鼓励德国复兴信贷银行和德国平衡银行这两大政策性银行向中小企业放贷；另一方面，德国政府划出专门款项支持中小企业参与展销会，以帮助其开辟新市场。同时德国政府还出台了《反限制竞争法》《中小企业促进法》《德国中小企业发展战略》等法规政策以支持中小企业的发展。

为了降低中小企业知识产权质押融资过程中各参与主体的风险，德国在中小企业知识产权质押融资业务中采取风险分摊模式，即在中小企业开展知识产权质押融资业务时由各参与主体共同承担融资所产生的风险，也就是当企业将知识产权进行质押融资后不能在偿还期内按时偿还商业银行的贷款而需要代偿时，各参与主体要承担一定比例的损失，其中政府承担比例为65%（联邦政府承担39%，州政府承担26%），担保机构承担28%，剩下的7%才由商业银行承担。

4.5　值得借鉴的经验

通过对发达国家知识产权质押融资模式的分析可以看出，每一种模式的选择都是与各国国情、经济社会发展状况、企业和金融业的发展速度等因素密切相关。与国外较完善的运行机制和市场环境相比，我国市场经济仍处于不断完善的过程中，虽然国外较成熟的模式我们不能生搬硬套，但还是能给我们提供一些有切实意义的借鉴经验。

4.5.1　充分发挥政府这只"看得见的手"的作用，正确定位政府角色

美国政府从不为企业向银行和担保公司提供信用保证，而是鼓励双方通过市场进行商业信贷活动，政府只是在原有企业自行提供担保的基础上进行信用加强，但在提供相关评估和贷后管理的信息服务上，却是不遗余力。这样的辅助性角色，有助于企业和银行摸

索出一套适合市场化的知识产权质押融资体系，保证该项业务的可持续发展。在开展知识产权质押融资过程中，日本主要是由有浓厚政府背景的政策性投资银行和信用保证协会为企业提供资本援助，韩国政府相关部门则直接参与和监督了质押融资过程中的每一个环节。日本和韩国根据科学的经济发展趋势，运用明确的政府导向性政策在宏观市场活动中进行调控，为市场的发展营造良好的环境，而且政府参与市场的实际运行有利于加快质押融资业务的进程，有效减少冗杂的中间环节，可以更快更及时地解决企业面临的资金困难，使企业的发展更为顺利。

南宁市金融体系目前还处于发展阶段，可借鉴日本的模式设立不以营利为目的的政策性投资银行以扶持科技型中小企业的成长与发展，或借鉴韩国的模式通过政府部门和导向性政策对科技型中小企业提供扶持和支持，使其能够更好地开展知识产权质押融资业务。

4.5.2　建立完善的知识产权交易机制和交易平台

美国的 SBA 模式和 M-CAM 公司的 CAPP 模式都有一个较完善的交易机制和交易平台，美国的 SBA 和 M-CAM 公司都不直接给科技型中小企业贷款，而是通过对企业进行信用保证或者信用加强的方式予以担保，让企业和金融机构在遵守交易机制的条件下通过交易平台公开自由地完成知识产权质押融资。

南宁市可以借鉴美国的 SBA 模式和 CAPP 模式建立一个比较完

善的知识产权交易机制和交易平台，让知识产权质押融资业务直接在交易平台上进行。这种市场化的运行模式既可以使企业更好地加强对知识产权的保护和运用，也可以更充分地发挥金融机构的作用，在促进经济发展的同时使市场交易更活跃、更自由。

4.5.3　构建合理的风险分担与补偿机制

德国知识产权质押融资风险分摊模式主要是分摊并降低商业银行面临的风险，当产生不良贷款时，商业银行所承担的风险只有最后损失额的7%，同时德国比较完善的风险补偿机制还会对银行提供损失补助，将损失率控制在3%以下，解决银行开展知识产权质押融资的后顾之忧。

南宁市可以借鉴德国这种融资模式，将风险进行分散，降低投资风险，如银行和评估机构合作，共同参与知识产权质押融资的运营，并按比例承担投资风险，并建立相应的补偿机制，在融资完成时可以给予一定的奖励，在不良贷款产生时可以给予相应的减免。

4.5.4　设立科技投资银行，负责知识产权质押融资

南宁市可以借鉴日本专门银行（日本政策投资银行）的经验，设立科技投资银行，专门负责知识产权质押融资方面的金融业务。鉴于我国专利国情和日本更为接近，参考日本的鼓励申请专利制度，因此，设立科技投资银行可以作为政府调控知识产权质押融资的方式之一。

4.5.5 政府或政府与企业共同设立专项基金

当知识产权质押贷款企业无法按照约定还款，金融机构通过处置质押知识产权不能完全实现其债权时，由专项基金对未实现的债权给予一定补偿。该专项基金可以由很多的中小企业联合设立，实行会员制，对基金成员企业给予知识产权质押融资的补偿担保，也可以由政府与企业共同出资设立。在此方面，美国、日本等国也有类似的做法。美国联邦政府设立了小型企业局（SBA），它是为鼓励和扶持小型企业发展而设立的机构。SBA 提供的涉及融资的服务项目之一是提供担保贷款，主要是通过提供信用保证的形式提高企业信用度，从而帮助小企业获得商业银行贷款。在日本，日本信用保证协会是对专利权担保的信用保证或信用加强的财团法人。信用保证协会是主要以中小企业为对象实施公共信用担保的政策性金融机构，其不以营利为目的，通过信用担保提高中小企业的贷款能力，贯彻日本政府支持中小企业尤其科技企业型中小企业发展的产业政策，促使中小企业发展壮大。

5 专利权质押融资创新发展原则

5.1 开发性金融理论

除了西方经济学所论述的"资本、劳动力、技术"三大经济增长推动力外，在发展中国家，市场体制建设也可以形成一种后发优势，成为第四推动力。但我国的市场体制建设不能完全依靠市场的自发演进，因为激烈的国际竞争不会给予我国市场机制自由化、重新发育的时间，我国也没有财力承受巨大的自然演进成本。我国应充分发挥后发优势，依靠政府、金融机构、企业和社会公众组织的共同推进，通过自觉主动培育市场，加快市场信用体制建设。作为20世纪90年代才发展成形的一种金融模式，开发性金融正是针对制度落后和市场失灵，以市场干预有效理论为基础，在政府和市场之间发挥桥梁和纽带作用，将国家信用应用于市场，把政府融资优势和组织优势、国家信用与市场业绩相结合，用建设市场的方法实现政府意志，通过融资推动市场建设和制度建设以弥补体制缺陷和市场失灵，进而实现政府特定经济目标和社会发展目标的一种金融形式。因此，开发性金融既不同于以单纯追逐利益目标为主的商业金融，其着力点是在市场缺损、制度缺失的地方，通过制度建设、信用建设来营造市场、完善市场，在建设市场制度的过程中取得自身可持续发展所必需的利润，也不同于完全政策性的政策性金融，是政策性金融在引入市场机制下的新发展，是弥补市场缺损和克服制度落后、维护国家金融稳定、增强国际竞争力的一种金融形式。目前，开发性金融已经成为有效解决中国经济社会中物质制约和制度"瓶颈"的重要力量。

开发性金融[①]在国外已有百余年的历史，而中国的开发性金融理

---

① 开发性金融是政策性金融的深化和发展。开发性金融是实现政府发展目标、弥补体制落后和市场失灵的一种金融形式。开发性金融有助于维护国家经济金融安全、增强竞争力。开发性金融一般为政府拥有、赋权经营，具有国家信用，体现政府意志，把国家信用与市场原理，特别是与资本市场原理有机结合起来。

开发性金融是国家金融，其目标是弥补体制落后和市场失灵，实现政府的发展目标。为了实现上述目标，开发性金融的运作具有以下主要特性：通过融资推动项目建设、涉及领域的制度建设；以国家信用为基础，市场业绩为支柱，信用建设为主线；将融资优势和政府组织协调优势相结合；通过发行政府债券和金融资产管理方式相结合的方式实现损益平衡。

开发性金融一般经历了三个发展阶段：第一个阶段是政策性金融初级阶段。在此阶段，开发性金融作为政府财政的延伸，以财政性手段弥补市场失灵。第二阶段是制度建设阶段，也是机构拉动阶段。在此阶段，开发性金融以国家信用背书参与经济运行，推动市场建设和制度建设。第三阶段是作为市场主体参与运行的阶段。在此阶段，随着市场的充分发育，各类制度不断完善，国家信用与金融运行分离，经济运行完全纳入市场的轨道和框架，开发性金融完成了基础制度建设的任务，作为市场主体参与运行。

论则是在以国家开发银行为代表的政策性金融机构近年来的改革与探索实践中逐步形成的。施赖纳和亚龙（2001）认为，开发性金融是为了提高社会福利，由政府出资建立的特定金融机构向制度落后的经济体或商业银行不能为之服务的行业提供贷款的金融活动。陈元（2010）将开发性金融定义为国家或国家联合体通过建设具有国家信用的金融机构，为特定需求者提供中长期融资，同时以建设市场和健全制度的方式，推动市场主体的发展和自身业务的发展，从而实现政府目标的一种金融形式。

开发性金融的运行机理可以概括为三个方面：手段、主线和机制。第一，开发性金融以市场建设为实现政府意图的主要手段。开发性金融以融资为杠杆，运用孵化、培育、完善等建设市场的方法，通过国家及政府组织增信以推动市场主体的治理结构建设、法人建设、现金流建设和信用建设，最终实现国家信用和市场业绩的统一。第二，信用建设是开发性金融的主线。组织增信是信用建设的主要内容，其基于组织增信的原理，促进市场主体的建设和完善，推动融资体制的完善和信用制度的发展，是开发性金融建设市场主体的主线。第三，开发性金融实行"政府选择项目入口、开发性金融孵化和市场出口"的融资机制。即地方政府选择确定项目；开发性金融通过组织增信进行孵化，推动项目建设和融资体制建设，完善治理结构、法人、现金流和信用四大建设，并依据现金流建设的发展趋势，针对项目借款性质、用途和使用情况设计不同的偿还机制，适时选择市场出口。在这当中，最核心的是通过融资推动社会各方共建市场、信用、制度，为发展提供根本动力。

开发性金融以制度建设和市场建设为方法。市场建设主要体现为三个方面：市场主体的培育、市场制度和机制的建设。健全的市场主体是市场经济运行的前提，而完善的市场制度和机制是市场主体参与经济运行的保障。针对我国市场主体缺失和制度、机制不健全的现实，开发性金融不是被动等待市场自然演进，而是立足主动建设，通过培育市场主体、完善微观机制和制度，加快推进市场、信用、制度、规则的形成，使空白、缺失的市场逐渐发育、成熟，打通发展中的瓶颈。

5.2 其他相关理论

5.2.1 专利权质押融资中的信息不对称理论

信息不对称理论是指在市场经济活动中，各类人员对有关信息的了解是有差异的。掌握信息比较充分的人员，往往处于比较有利的地位，而信息匮乏的人员，则处于比较不利的地位。该理论认为：市场中卖方比买方更了解商品的各种信息，掌握更多信息的一方可以通过向信息匮乏的一方传递可靠信息而在市场中获益，买卖双方中拥有信息较少的一方会努力从另一方获取信息，市场信号显示在一定程度上可以弥补信息不对称的问题。

该理论可以解释中小企业在参与专利权质押融资过程中，由于信息的不对称性而产生的逆向选择和道德风险问题。企业作为借款方比金融机构更清楚自身的还贷能力，从而导致贷款方的逆向选择；而企业在取得融资后，将内部经营作为公司的商业秘密，导致其向贷款方隐瞒自身的真实状况，推迟还贷从而导致经营者的道德风险。专利权除具备无形资产的特征之外，本身价值的不确定性和难以预测性使得金融机构的贷款风险较高，涉足专利权质押贷款业务的银行一般都需要具备相应的经济实力和业务操作能力。

5.2.2 专利权质押融资中的合作博弈论

合作博弈，是指博弈双方的利益都有所增加，或者至少是一方的利益增加，而另一方的利益不受损害，导致整个社会的利益有所增加。合作博弈研究人们达成合作时如何分配合作得到的收益，即收益分配问题。合作博弈采取的是一种合作的方式，或者说是一种妥协。妥协能够增进妥协双方的利益以及整个社会的利益，因为合作博弈能够产生一种合作剩余。这种剩余就是从这种关系和方式中产生出来的，且以此为限。至于合作剩余在博弈各方之间如何分配，取决于博弈各方的力量对比和技巧运用。因此，妥协必须经过博弈各方的讨价还价，达成共识。在这里，合作剩余的分配既是妥协的结果，又是达成妥协的条件。

在专利权质押融资过程中，企业、银行、担保机构、评估机构和政府等形成多方合作博弈，企业从银行融资贷款解决资金困难，银行贷款给企业获取利息，政府扶持企业发展维护政府公信力，评估机构和担保机构等第三方通过向企业、银行、政府提供专业化服务来收取评估费、担保费等。在专利权质押融资的全过程中，如果各参与方相互合作、相互妥协、信息对等互换，根据帕累托改进分配规则可以更好地分配资源、分享利益、分担风险，这样的合作博弈可以使得专利权质押融资相关各方的利益增加或者是整体利益增加，使得质押融资业务可以更好、更顺利地开展。如果博弈各方在专利权质押融资过程中只考虑如何决策能使得自身利益最大化，会导致整个博弈过程效率低下，而且可能会导致整体的利益受损，这对于博弈各方都不是好事，将阻碍企业发展专利权质押融资业务。

5.2.3 专利权质押融资中的利益平衡论

利益平衡论是指"通过法律的权威协调各方面的冲突因素，使相关各方的利益在共存和相容的基础上达到合理的优化状态"。一般情况下，利益冲突可以依靠社会自发调整解决。然而，随着利益的多元化以及利益需求的无限化，利益冲突已超过社会自发调整的范畴。据此，法律作为解决利益冲突的一种有效手段就产生了。法律对相互冲突的利益进行调整，对利益的先后顺序、上下位阶予以安排，并为各种利益评价问题提供答案，也就是说，法律在人们追逐利益之前就提供了一系列的评价规范。法律依据稳定的评价规范对利益冲突进行化解，这使法律成为一项兼具稳定性和有效性的利益冲突化解机制，使得冲突各方在利益关系中处于平衡状态。

具体到专利法领域，法律需要维护专利权人的合法权益与专利权有关的利益关系人的正当利益，以及对专利权人合法权益与社会公共利益之间产生的冲突进行化解，使之处于利益平衡状态。在专利权质押贷款业务过程中，企业作为专利权人，从银行申请了贷款，不仅实现了专利权的市场价值，推动了企业自身的发展，也能够给社会提供更多的服务和更好的产品，创造更多的工作岗位。专利权质押贷款业务的开展有力促进了企业与社会的均衡发展，达成共赢，为实现国家产业结构调整及知识产权发展战略做出了贡献。

5.2.4 专利权质押融资中的激励理论

激励理论是指通过特定的方法与管理体系，将员工对组织及工作的承诺最大化。激励理论是关于如何满足人的各种需要、调动人的积极性的原则和方法的概括总结。激励的目的在于激发人的正确行为动机，调动人的积极性和创造性，以充分发挥人的智力效应，做出最大成绩。激励理论认为，工作效率和劳动效率与职工的工作态度有直接关系，而工作态度则取决于需要的满足程度和激励因素。

在专利权质押融资过程中，由于专利权存在价值不确定、交易平台不健全等诸多问题，会产生很多风险因素影响银行贷款的收回。银行为规避专利权质押贷款的风险会相应提高融资门槛；企业为取得专利权质押贷款，需要承担贷款利息、评估费、担保费等各项融资成本，高额的贷款成本使得企业的融资积极性受挫。在融资双方积极性不高的情况下，政府部门通过出台贷款贴息政策、风险准备金政策、中介机构补贴等激励措施来支持专利权质押贷款工作，一方面降低金融机构的融资风险，另一方面减少企业的融资成本，提高融资双方的积极性，使得专利权质押融资工作能够顺利开展。

5.3 专利权质押融资的交易结构分析

5.3.1 专利权质押融资中的"单层交易结构"与"双层交易结构"

"单层交易结构"是指交易双方针对同一"标的物"达成唯一的交易价格和权利配置，且不存在任何附加契约来修改任何事项的交易结构。"专利权质押贷款"产生的初衷是，科技型中小企业以专利、商标、软件著作权等知识产权为代表的无形资产作为企业的核心资产，缺乏固定资产作为抵押担保物，与银行传统信贷业务所设置的门槛要求相距甚远，难以获得银行贷款。专利权质押贷款的目的是希望科技型中小企业把其所拥有的专利质押给商业银行获得贷款，银行不再要求附加固定资产作为抵押担保物。所以，专利权质押贷款设计的初衷应该是单层交易结构。

"双层交易结构"是指双方针对同一"标的物"达成表里两层契约并构成表里两层交易的整体交易结构。其一是按照表层契约规定的"标的物"及其交易价格、交易方式、权利配置等交易事项所进行的交易；其二是按照里层契约规定的另外一些交易事项所进行的交易，而这些交易事项与表层契约的"标的物"及其交易事项是密切相关的，从而形成了表里两层契约，以及相互关联的双层交易结构。其中，表层契约规定的交易事项可以叫表层交易，里层契约规定的交易事项可以叫里层交易。

双层交易结构的出现可能归结为以下几种原因：其一，交易风险管理。交易一方通过里层交易来更好地控制表层交易的风险。其二，规避监管。交易双方通过表层交易来掩盖里层交易，因为里层交易的事项受到现有法规（包括价格管制）的约束与监管部门的严格监管。其三，降低交易税。其四，面子交易。交易双方通过表层交易来塑造另外一种符合标签的交易形象，或者贴标签。这些表里两层契约围绕同一"标的物"而形成一个整体的双层交易结构。

在实践中，对于发放专利权质押贷款，很多银行设置了很高的门槛，要求专利权与固定资产绑定组合贷款；甚至有一些银行对符合信用贷款条件的企业要求追加专利权质押。这样的科技贷款就形成了"面子（表层）—里子（里层）交易"的双层交易结构，专利权抵押贷款是面子（表层）交易，里子（里层）交易实际上则是信用贷款、担保贷款等。这样，专利权质押实际上就成了科技贷款的一种"标签"。

5.3.2 专利权质押融资中的"市场型交易结构"与"政府嵌入型交易结构"

"市场型交易结构"是指交易双方遵循自愿交易的原则，符合金融资产的"收益—风险—流动性"相匹配的关系，纯粹由市场供求形成交易价格与交易条件的一种金融交易结构；"政府嵌入型交易结构"是指交易双方在遵循交易自愿的契约原则下，将政府信用嵌入金融交易结构，以改变原有"收益—风险—流动性"匹配关系，从而促使交易双方达成一些在市场交易条件下不可能达成的金融交易结构。这两类金融交易结构的相同之处是符合收益、风险、流动性之间存在转换性，且经自身调整而构成金融交易结构。不同之处是，纯粹市场型交易是在交易自愿的契约原则下，经由交易双方"讨价还价"形成的"收益—风险—流动性"相匹配的交易结构，其间不存在任何形式的外部干预。政府嵌入型交易结构是指政府信用嵌入金融交易结构中，改变原有"收益—风险—流动性"匹配关系，从而促使达成一些在市场交易条件下不可能达成的金融交易。例如，初创期科技型中小企业的特征是没有稳定的收益或现金流且面临的风险很大，而银行贷款的"收益—风险"匹配关系是"低收益—低风险"，所以银行绝不可能与初创期科技型中小企业进行交易。为推动科技型中小企业的发展，政府信用嵌入银行贷款交易结构之中分担部分风险，改变了科技型中小企业贷款"低收益—低风险"的匹配关系，从而使银行愿意进行这种交易。所以，"政府嵌入型交易结构"较好地实现了"市场决定性作用与政府引导推动相结合"。目前，我国大多数地方的专利权质押融资都是通过设立风险补偿基金、贴息政策、政策性担保、保险等方式嵌入政府信用，由政府来推动专利权质押融资的发展。因此，当前的专利权质押融资属于政府嵌入型交易结构。经过不断探索，政府最终要将专利权质押融资结构发展成纯粹由市场供求形成交易价格与交易条件的市场型交易结构。

在我国科技金融实践中"政府嵌入交易结构"大致可以分为两类：其一，把财政资金嵌入科技项目的金融交易结构，从而使政府分担部分风险或者对金融机构所承担的风险进行补偿。其二，政府通过政策性担保对科技型中小企业进行增信，或者政府通过对企业或金融机构进行补贴的方式降低金融交易的交易费用，以促进科技型中小企业与金融机构达成交易。

当财政资金嵌入金融交易结构改变了风险与收益不匹配关系时，过去不可能达成的金融交易现在就可以自愿达成。财政资金的嵌入本质上是一种政府信用的嵌入，达到为科技型中小企业增信的目的。很多地方在发展专利权质押融资时，政府设立了信贷风险补偿专项基金，对合作商业银行的专利权质押贷款违约损失实施风险补偿，从而降低了商业银行的风险。从金融交易结构创新的角度分析，企业与银行的双边交易结构在嵌入政府信用后转变为一种三边交易结构；金融机构之间的互动甚至可以形成多边交易结构，如有些地方在实施专利权质押融资的过程中引进了保险机构，在金融交易结构中嵌入了保险公司"信用履约保险贷款"，对银行发放给科技型中小企业的信用贷款进行投保。由于金融机构支持专利权质押融资是为了营利，所以商业性多边交易结构会导致更高的交易费用。对此，有些地方政府就设立了企业专利权质押融资项目贴息和补助资金等，对获得金融机构专利权质押贷款所发生的利息和评估费的企业给予贴息和补助资金，以减轻企业负担。

5.4 专利权质押融资的内在矛盾分析

5.4.1 风险—收益矛盾

在金融学领域，风险与收益是一对相互依存的概念，也就是高风险才能带来高收益。商业银行等金融机构作为金融业的主体，在风险偏好方面更多地强调风险补偿和担保机制，这与商业银行自身对于流动性的要求密切相关。相比有形资产融资，专利权质押融资存在较高的风险，主要包括如下几个方面：

一是专利权价值波动的风险。由于专利权存在逆向工程、围绕设计等潜在威胁，使得专利权本身具有价值的不稳定性，它受到技术环境、市场环境、维护情况等多方面的影响，且与其存续周期具有较小关系。如果专利权所有人与他人存在专利权的权属纠纷，就更加大了专利权被宣告无效和被撤销的风险，从而使得专利权的经济效益急剧下降，威胁到债权人自身利益。

二是专利权变现的风险。商业银行作为对流动性要求颇高的金融实体，对质押物的变现提出了较高的要求。在出现专利权价值波动的情况下，如果不能及时将专利权变现，则会导致商业银行的拨备覆盖率存在升高的风险，这将直接影响其利润和经济增加值。当前，我国专利权交易市场仍处在探索阶段，无论是交易活跃程度、交易金额，还是交易方式均处于低级水平，在出现专利权变现风险时商业银行作为质押权人都不能及时将手上的专利权变现补偿贷款损失，也即风险缓释措施不到位，这将极大影响商业银行的流动性。

三是专利权所有人的道德风险。如果专利权出现价值波动，作为专利权所有人的科技型中小企业可能会做出不利于专利权价值的活动，如研发改进型专利、进行擅自许可等。尽管法律要求专利权质押进行登记，然而存在有企业不履行法律义务而作出有损债权人利益的行为。

四是专利权的收益风险。对于优质的专利权来说，其在未来一段时间内能为高新技术企业带来稳定的现金收益和产品收入。但是如果企业的专利权在较短时间内被竞争对手通过其他途径进行模仿，那么将大大降低企业产品的竞争力，这将直接影响产品所带来的稳定现金流，从而给债权人的还款带来潜在风险。

与诸多风险相比，专利权质押融资所带来的收益就小很多，由于商业银行往往为此类融资提供较低的质押融资率和较高的贷款利率，使得企业在融资时并未享受到优惠的贷款利率，而商业银行仅仅保证了正常的贷款收益，但是却要承担比有形资产担保贷款高得多的风险，因此商业银行就缺乏积极参与的主动性。

5.4.2　成本—能力矛盾

专利权质押融资在成本和能力上同样存在内在矛盾。从成本上看，由于专利权质押融资所涉及的中介服务机构较多，资产评估、信用担保、法律服务、融资费用等多种费用均造成高新技术企业在融资成本上的较大压力，虽然目前商业银行在贷款方面的优惠力度较大，实际利率也较低，然而过高的贷款融资成本使得处于成长初期的科技型中小企业存在较大的财务压力。相比而言，专利权质押融资能力一直处于较低水平，大多商业银行授信额度只占专利权评估价值的30%左右，同时还需捆绑个人信用和企业主个人财产等，使得整个专利权质押融资市场呈现一种"高费用—低能力"的格局，这在很大程度上影响了专利权质押融资工作的开展。与我国不同的是，发达国家如日本则给予专利权质押融资较高的融资率，基本达到其评估价值的 50% 以上，这与日本自身较强的专利评估能力和灵活的专利交易市场有较大关系。

5.4.3　政策—市场矛盾

目前来说，专利权质押融资陷入一种政策化的怪圈，使得在我国各省（区、市）开展的试点工作呈现出"剃头挑子一头热"的局面：一方面地方政府为了贯彻国家的知识产权政策，要求商业银行承担更多的社会责任；另一方面，企业并未得到较多的好处，过高的融资门槛、短期的融资周期以及高昂的融资费用将意图享受贷款实惠的科技型中小企业挡在门外，这都不利于专利权质押融资这个新兴的融资渠道的顺利开展。有的地方政府亲自上阵，集评估、担保、融资各项职能于一体，竭力将银企双方拉到一起，但是效果并不理想。

特别是"间接质押融资"模式更多地具有政策化融资的特征，而"直接质押融资"模式则带有市场化融资的特点。由于没有充足的数据样本支撑，短期内我们无法从中看出孰优孰劣，但是从长远来看，市场经济下的资源配置效率远远高于政府主导下的资源配置效率，同时也能为银企双方提供更大的创造专利权质押融资新模式的空间。

5.4.4 供给—需求矛盾

对于专利供给方来说，高新技术企业所拥有的专利权数量较为丰富，2019 年国内有效发明专利拥有量为 186.2 万件，去除垃圾专利以及专利联盟的影响，专利权的供给无论从数量上抑或质量上均满足专利权质押融资要求。相比之下，商业银行则没有表现出应有的贷款热情。2019 年，我国专利权质押项目仅为 7 060 项（件），专利质押融资金额达 1 105 亿元，这与我国庞大的专利授权量极不相称。在我国，作为业务需求方的商业银行更多是在政府的引导甚至压力下达成相关的融资协议，而并非真正从自身经营发展角度出发开展专利权质押融资业务。就目前而言，随着市场利率的进一步放开以及经济结构的调整，商业银行业逐渐意识到开展专利权质押融资业务的潜在收益，但是如果不能解决质押融资自身存在的一系列问题，政府要想达到预期目标则较为困难。

6　南宁市专利权质押融资创新发展的实证分析

6.1　南宁市专利权质押融资发展现状

6.1.1　南宁市专利权质押融资规模概况

南宁市专利权质押融资起步较晚。南宁市科技局（知识产权局）官网公布的数据显示：2013 年，南宁市科技局成功促成了广西金雨伞防水装饰有限公司、南宁市桂福园农业有限公司以企业自有知识产权质押获得银行 1 150 万元的贷款；2014 年，南宁市 12 家科技型中小企业获交通银行广西区分行知识产权质押融资贷款 6 727 万元，其中专利权质押贷款 1 933.4 万元，此举实现了南宁市专利权质押融资零的突破；2015 年，南宁市共 23 家企业获得银行专利权质押贷款 1.44 亿元，南宁市专利质押突破亿元大关，同比 2014 年增长 644.80%；2016 年，南宁市共 10 家企业获得银行专利权质押贷款 9 440 万元，同比 2015 年下降 34.44%；2017 年，南宁市共 8 家企业获得专利权质押贷款，贷款总额 12 025 万元，其中专利权质押达 3 240 万元，同比 2016 年下降了 65.68%，但是比 2014 年增长了 67.58%；2018 年，南宁市共有 21 家企业获得了专利权质押贷款，贷款总额 13 077 万元，其中专利权质押 8 949 万元。

6.1.2 南宁市专利权质押融资发展历程

2009 年颁发的《南宁市人民政府关于进一步支持中小企业融资的实施意见》中就提出，积极促进知识产权质押贷款业务的发展。2012 年南宁市人民政府出台《南宁市国家知识产权试点城市工作实施方案》，提出建立知识产权投融资服务体系。2012 年，在广西壮族自治区知识产权局的指导下，南宁市知识产权局与交通银行广西区分行合作开展知识产权质押融资工作，推荐广西田园生化股份有限公司、广西万寿堂药业有限公司、广西金雨伞防水装饰有限公司、广西地凯光伏能源有限公司、南宁邦尔克生物技术有限责任公司 5 家企业作为专利权质押融资试点企业。

2013 年 1 月南宁市被国家知识产权局批准为国家知识产权试点城市，南宁市全面加强知识产权保护与运用能力建设，大力推进专利权质押融资工作的开展。2013 年，南宁市成功促成了广西金雨伞防水装饰有限公司、南宁市桂福园农业有限公司 2 家企业以企业自有知识产权质押，获得银行 1 150 万元的贷款。

2014 年，南宁市面向全市征集 2014 年知识产权投融资服务需求信息，共有 56 家企业提交了 160 多项专利投融资服务需求；随后南宁市科技局召开了科技型企业知识产权融资培训暨银企推介会；又于 5 月召开南宁市 2014 年专利权质押融资签约暨政策解析说明会，南宁市科技局（知识产权局）与交通银行广西区分行、北京东鹏资产评估事务所分别签订了交通银行广西区分行·南宁市科技局专利权质押贷款贴息合作协议和知识产权价值评估合作协议，首批共 12 家科技型中小企业获得贷款 6 727 万元，其中专利权质押贷款 1 933.4 万元，贴息 369 万元，实现了南宁市专利权质押融资零的突破。

2015 年，南宁市知识产权局分别与交通银行、浦发银行、民生银行签订专利权质押贷款贴息合作协议，南宁市人民政府当年安排了 500 万元用于补助企业偿还贷款利息，企业最高可获贴息补助 40 万元；还召开了南宁市专利权质押融资对接会，与南南铝业股份有限公司等 50 家企业与银行达成了 1.12 亿的专利权质押贷款意向，总贷款 2.6 亿元的抵押意向。南宁市 2015 年度组织下达的科技计划项目中，专利权质押融资贷款科技项目 13 项，科技拨款 399 万元。2015 年 12 月，南宁高新区获批为国家知识产权质押融资试点单位。

2016 年南宁市颁布的《南宁市大力推进大众创业万众创新实施方案（2016 年）》《南宁市推进大众创业万众创新示范基地建设实施方案》《南宁市科学技术发展"十三五"专项规划》《南宁市金融业发展"十三五"规划》《南宁市深入实施知识产权战略行动计划实施方案（2016—2020 年）》等文件都提出要大力发展专利权质押融资。2016 年第六届广西发明创造成果展览交易会举办期间，南宁市共达成专利权质押融资意向 7 000 万元。南宁市 2016 年度专利权质押融资实际金额近亿元，10 家企业共获得银行专利权质押贷款 9 440 万元。

2017 年 2 月南宁市出台了《南宁市企业专利权质押融资项目贴息和补助资金管理办法》，规定每年安排 500 万元专项资金扶持专利权质押融资项目，对符合规定的单笔贷款，按照当年中国人民银行同期贷款基准利率的 80% 给予贴息补助，同一笔贷款给予贴息不超过一年；企业因贷款而产生的评估费（含专利评估费、价值分析费等），由企业支付给评估机构，市财政经费再按确认发生额的 80% 予以补助，对同一家企业年补助最高不超过 6 万元。2017 年，南宁市知识产权局与 3 家商业银行合作，8 家企业获专利权质押贷款，贷款总额 12 025 万元，其中，专利权质押达 3 240 万元。

2017 年 5 月，南宁市工业和信息化委员颁布了《关于印发南宁市"两台一会"中小企业贷款平台科技型企业知识产权质押贷款实施方案的通知》，明确在"两台一会"财政配套资金中首期划拨

1 000万元作为知识产权质押贷款助保金贷款资金池的政府风险补偿铺底资金，用于对知识产权质押贷款的增信和风险补偿。2017年南宁市"两台一会"中小企业贷款平台发放了9笔知识产权质押贷款，总金额4 350万元，中小企业贷款平台累计完成贷款165亿元，贷款余额41亿元。

2018年，南宁市共21家企业获得了专利权质押贷款，贷款总额13 077万元，其中专利权质押8 949万元，财政贴息和专利评估费补助411.21万元。

近年来南宁市出台的许多政策文件，都提到要大力发展专利权质押融资，这极大地推动了南宁市专利权质押融资的发展。南宁市近几年出台的涉及专利权质押融资的相关政策文件见表6.1。

表6.1　南宁市近几年出台的涉及专利权质押融资的相关政策文件

颁布时间	文件名称	发文字号	主要内容
2009年	《南宁市人民政府关于进一步支持中小企业融资的实施意见》	南府发〔2009〕77号	积极拓宽股权质押、知识产权质押、水域使用权抵押、林权抵质押、应收账款抵质押等贷款业务的应用范围

表6.1(续)

颁布时间	文件名称	发文字号	主要内容
2012年	《关于贯彻落实〈广西开展全民发明创造活动的决定〉的实施意见》	南府发〔2012〕28号	建立促进专利权质押融资协同推进机制,发挥金融服务功能,支持中小企业通过专利权质押融资拓宽融资渠道,缓解融资困难,有效运用发明专利加快企业发展。市金融部门要会同财政、知识产权等部门,积极探讨和组织建设专利权质押融资服务平台,逐步建立专利权质押融资风险多方分担机制、保障机制和专利权流转管理机制,开展专利资产评估和专利权质押融资试点工作
2012年	《南宁市发明专利倍增计划实施方案》	南府办〔2012〕110号	建立促进专利权质押融资协同推进机制,发挥金融服务功能,支持科技型中小企业通过专利权质押融资等渠道,增加经费投入
2012年	《南宁市国家知识产权试点城市工作实施方案》	南府办〔2012〕132号	建立知识产权投融资服务体系。通过政府、金融机构、企业和评估机构等多方合作,建立知识产权质押融资试点工作体系,创新和探索多层次、多形式的知识产权融资模式;加强政府引导和服务职能,鼓励民间资本和风险资本投资知识产权领域,支持以知识产权参股等方式进行投资;鼓励和规范知识产权中介、评估机构发展,全面提升知识产权投融资服务水平和质量
2016年	《南宁市大力推进大众创业万众创新实施方案(2016年)》	南府办〔2016〕34号	促进知识产权质押融资,培育专利权质押融资服务机构,支持国家级高新区为中小企业开展专利权质押融资服务,鼓励银行等金融机构面向科技型企业等开展知识产权质押融资

表6.1(续)

颁布时间	文件名称	发文字号	主要内容
2016 年	《南宁市科学技术发展"十三五"专项规划》	南府办〔2016〕71 号	探索多种形式的专利权质押贷款风险补偿机制,有效降低贷款发放风险,引导商业银行等金融机构开展专利权质押融资业务
2016 年	《南宁市金融业发展"十三五"规划》	南府办〔2016〕74 号	优化知识产权质押流程
2016 年	《南宁市深入实施知识产权战略行动计划实施方案(2016—2020 年)》	南府办〔2016〕75 号	积极引导创业创新资本与知识产权的对接,促进知识产权成果转化。支持银行、证券、保险、信托等机构以知识产权质押融资为重点,开展多层次、多方面的知识产权金融服务,充分利用互联网等新技术、新工具,丰富和创新知识产权融资方式,不断推出知识产权融资新产品
2017 年	《南宁市企业专利权质押融资项目贴息和补助资金管理办法》	南科规(2017)1 号	对申请贴息和补助资金的企业应当具备的条件、贴息额度、评估费用、申请需提供的材料、贴息和补助资金的拨付时间等进行相关的管理规定
2017 年	《关于印发南宁市"两台一会"中小企业贷款平台科技型企业知识产权质押贷款实施方案的通知》	南工信企业〔2017〕12 号	在"两台一会"财政配套资金中首期划拨 1 000 万元作为知识产权质押贷款助保金贷款资金池的政府风险补偿铺底资金,用于对知识产权质押贷款的增信和风险补偿
2017 年	《南宁市 2017 年中小企业发展行动计划》		创建科技型企业知识产权质押贷款模式

表6.1(续)

颁布时间	文件名称	发文字号	主要内容
2018 年	《南宁市人民政府关于进一步降低实体经济企业成本的若干意见》	南府规〔2018〕10 号	创新知识产权质押融资模式。支持企业以其合法有效、且可转让的专利权进行质押获得金融机构贷款,对获得专利权质押贷款的企业按中国人民银行同期贷款基准利率的 80%给予贴息,最高不超过 30 万元;按实际发生的专利评估费用的80%给予补助,最高不超过 6 万元

6.1.3 南宁市专利权质押融资发展中呈现的特点

6.1.3.1 质押融资金额总体呈增长趋势,但波动较大,且总量规模较小

2013 年,南宁市专利权质押贷款 1 150 万元;2014 年,南宁市专利权质押贷款 1 933.4 万元,同比 2013 年增长 68.12%;2015 年,南宁市专利权质押贷款 1.44 亿元,同比 2014 年增长 644.80%;2016 年,南宁市专利权质押贷款 9 440 万元,同比 2015 年下降 34.44%,比 2014 年增长 388.26%;2017 年,南宁市专利权质押贷款 3 240 万元,同比 2016 年下降 65.68%,但是比 2014 年增长了 67.58%。可见,南宁市专利权质押贷款金额总体呈增长趋势,特别是 2015 年同比 2014 年增长了 6 倍多,2016 年比 2014 年也增长了将近 4 倍,但是波动较大,2016 年、2017 年同比其上一年度又都有所下降。

自 2013 年开始出现专利权质押贷款到 2015 年年底，南宁市累计质押贷款金额约 1.75 亿元；而广西"十二五"期间引导金融机构开展专利权质押贷款总额近 4.5 亿元，南宁市仅占约 39%；"十二五"期间，全国专利权质押融资金额累计 1 534 亿元，南宁市约占千分之一。2016 年，南宁市企业共获得银行专利权质押贷款 9 440 万元，而 2016 年广西开展专利质押贷款总额约 2 亿元，南宁市仅占约 47%；2016 年全国专利权质押融资金额 436 亿元，南宁市仅约占 0.22%。可见，南宁市专利权质押贷款总量规模还是较小的。

6.1.3.2 质押登记专利量总体呈增长趋势，但占专利授权量比例较小

2013 年，南宁市质押登记专利 5 项。2014 年，南宁市质押登记专利 38 项，专利授权量 2 662 项，质押登记专利量占专利授权量的 1.43%。2015 年，南宁市质押登记专利 82 项，专利授权量 3 937 项，质押登记专利量占专利授权量的 2.08%。2016 年，南宁市质押登记专利 55 项，专利授权量 4 127 项，质押登记专利量占专利授权量的 1.33%。2017 年，南宁市质押登记专利 55 项，专利授权量 4 496 项，质押登记专利量占专利授权量的 1.22%。近年来，南宁市有效专利存量不断增加，专利权质押登记数也不断增加，质押登记专利量总体呈增长趋势，但是没有呈现逐年稳步增长趋势；2015 年较 2014 年增加了 44 项，2016 年较 2014 年增加了 17 项，2017 年较 2014 年增加了 17 项；但 2016 年的质押登记专利量比其上一年度减少了 27

项；而且每年质押登记专利量占专利授权量比例较小，仅 2015 年超过了 2%，2014 年、2016 年、2017 年都在 1.4% 左右。

6.1.3.3 初期以交通银行广西区分行为主，参与银行日益增多

早在 2014 年，南宁市科技局就与交通银行广西区分行签订了《交通银行广西区分行·南宁市科技局专利质押贷款贴息合作协议》，共同合作开展专利权质押融资工作。交通银行广西区分行创新推出了专门的知识产权质押贷款业务品种——"智融通"，并出台了《交通银行广西区分行"智融通"——中小企业质权融资业务操作管理办法》。2013 年、2014 年南宁市企业获得的专利权质押贷款均由交通银行广西区分行发放。截至 2017 年年底，交通银行广西区分行累计为 35 家科技型企业通过专利质押担保方式进行融资，共发放组合贷款 3.01 亿元，其中科技局累计贴息达 1 254 万元。

2013 年、2014 年仅交通银行广西区分行 1 家银行参与专利权质押融资工作，2015 年共有 4 家金融机构参与，2016 年共有 4 家金融机构参与，2017 年共有 7 家金融机构参与。目前，建设银行、邮储银行、南宁市区农村信用合作联社、交通银行、桂林银行南宁高新支行等机构已与南宁市中小企业服务中心达成知识产权质押贷合作共识并成功放款。另外，兴业银行、柳州银行、光大银行、华夏银行等也与南宁市科技局、南宁市中小企业服务中心签订了合作协议或达成合作共识，共同开展知识产权质押融资工作。目前，实际为企业发放专利质押贷款的金融机构共 16 家。截至 2018 年 6 月底，

获得专利质押贷款的企业数量见表6.2。

表6.2　截至2018年6月底，获得专利质押贷款的企业数量表

单位：家

发放机构	年份						合计
	2013	2014	2015	2016	2017	2018	
交通银行广西区分行	2	12	8	9	3	1	35
建设银行南宁高新支行				2	2	3	7
上海浦东银行南宁分行			1	1			2
广西北部湾银行			1				1
广西北部湾银行小企业金融服务中心					2		2
邮储银行广西南宁市分行					2		2
南宁市金通小额贷款有限公司				1			1
广西北部湾银行南宁市五象广场支行			1				1
南宁兴宁长江村镇银行股份有限公司					1		1
广西北部湾银行南宁市南湖支行					1		1
兴业银行南宁分行							1
南宁市区农村信用合作联社					1		1
中国银行南宁市城北支行						1	1
南宁市邕宁区农村信用合作联社高新信用社						1	1
建设银行南宁民主支行						1	1
桂林银行南宁高新支行						1	1

资料来源：SOOIP。

6.1.3.4 质押专利以实用新型专利为主，发明专利占比日益增加，质押专利价值逐步提高

2014—2017 年南宁市质押专利总量中，实用新型专利所占比例比发明专利所占比例高，实用新型专利占比 58%，发明专利占比 41%，外观设计专利所占比例较低，占比仅 1%。发明专利所占比例呈逐年稳定增长趋势，2014 年为 36.84%，2015 年为 30.12%，2016 年为 49.10%，2017 年为 54.55%。专利权类型是影响专利权价值量的重要因素之一。发明专利的有效期为 20 年，实用新型专利的有效期仅为 10 年。因此，发明专利的价值要高于实用新型专利。外观设计只对产品的形状、图案或者其结合，以及色彩与形状、图案的结合所作出的富有美感并适于工业应用的新设计进行保护，不保护技术，故其专利价值也不如发明专利高。目前，南宁市质押的专利权中发明专利所占比重越来越高，说明总体上南宁市出质专利权的价值有增高的趋向。

2014—2017 年南宁市质押专利类型统计见表 6.3。

表 6.3 2014—2017 年南宁市质押专利类型统计   单位：项

年份	发明专利	实用新型专利	外观设计专利
2013	2	3	0
2014	14	24	0
2015	25	57	1
2016	27	28	0

年份	发明专利	实用新型专利	外观设计专利
2017	30	24	1
合计	98	136	2

数据来源：SOOIP。

6.1.3.5　质押专利技术领域以 C 类（化学、冶金）、B 类（作业、运输）、E 类（固定建筑物）为主，专利权质押涉及行业日益广泛

国际专利分类表（IPC）将发明和实用新型的技术领域分为八类，包括：A 类（人类生活必需品）、B 类（作业、运输）、C 类（化学、冶金）、D 类（纺织、造纸）、E 类（固定建筑物）、F 类（机械工程）、G 类（物理）、H 类（电学）。2014—2017 年南宁市累计质押专利总量 236 项次，其中 B 类（作业、运输）共 55 项，占比 23.31%，C 类（化学、冶金）共 54 项，占比 22.88%，E 类（固定建筑物）共 49 项，占比 20.76%，A 类（人类生活必需品）共 28 项，占比 11.64%，其他类总量均低于 20 项，占比均低于 10%。2014 年南宁市 D 类（纺织、造纸）专利质押数量为 0，2015 年 H 类（电学）专利质押数量为 0，2016 年质押专利技术领域全部涉及八大类，说明南宁市专利质押涉及行业领域日益广泛，出质专利背后的企业覆盖面也日益广泛。

2014—2017 年南宁市质押专利技术领域统计见表 6.4。2014—2016 年南宁市质押专利技术领域分布饼状图见图 6.1。

表 6.4　2014—2017 年南宁市质押专利技术领域统计　单位：项

年份	技术领域							
	A	B	C	D	E	F	G	H
2013	1	0	0	0	4	0	0	0
2014	2	5	10	0	2	4	6	9
2015	8	23	19	1	22	6	4	0
2016	12	14	15	3	2	2	2	5
2017	5	13	10	2	19	5	1	0
合计	28	55	54	6	49	17	13	14

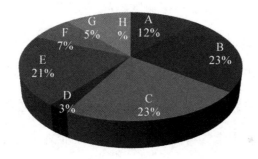

图 6.1　2014—2016 年南宁市质押专利技术领域分布饼状图

（数据来源：SOOIP）

6.1.3.6　已出现纯专利权质押贷款，但仍存在绑定固定资产组合贷款

2018 年 6 月，桂林银行南宁科技支行向国家知识产权优势企业——广西万德药业有限公司成功发放首笔"科创融智贷" 200 万元，该笔融资无须企业提供有形资产担保，是银行仅凭企业的发明专利

发放的"纯"专利权质押贷款。但是，以往银行发放专利质押贷款时大都要求企业以专利捆绑固定资产等其他担保方式进行组合担保。如交通银行广西区分行推出的知识产权质押贷款业务品种"智融通"，就要求企业以合法有效的专利权提供质押担保，或与其他担保方式组合担保。截至 2017 年 12 月底，南宁市通过专利质押担保方式累计为科技型中小企业发放组合贷款共 3.01 亿元，占据全市专利质押融资总额的大部分。建设银行推出的知识产权质押贷款业务中对担保方式也分为专利权单一担保和组合担保，并且组合担保额度最高达 500 万元，而单一担保额度最高仅为 200 万元。

6.1.3.7　企业的融资需求日益增多，而实际获得的贷款较少

2014 年年初，南宁市面向全市征集 2014 年知识产权投融资服务需求信息，共有 56 家企业提交了 160 多项专利投融资服务需求。实际上，2014 年南宁市共有 12 家科技型中小企业获专利权质押贷款。2015 年南宁市专利权质押融资对接会上，南南铝业股份有限公司等 50 家企业与银行达成了 1.12 亿的专利权质押贷款意向，总贷款 2.6 亿元抵押意向。实际上，2015 年南宁市累计 23 家企业获得银行专利权质押贷款，金额 1.44 亿元。2016 年第六届广西发明创造成果展览交易会举办期间，南宁市展示了自各行各业共计 61 项发明成果的融资交易需求，达成专利权质押融资意向 7 000 万元。实际上，2016 年南宁市共 10 家企业获得银行专利权质押贷款 9 440 万元。2017 年南宁市中小企业服务中心共收集科技创新型企业融资需求申报表 60

份。实际上，2017 年南宁市共 8 家企业获专利权质押贷款 3 240 万元。可见，南宁市企业的融资需求日益增多，而实际获得贷款较少。

6.2 南宁市专利权质押融资发展存在的问题

6.2.1 整体意识淡薄，各个主体参与度不足

1996 年，国家知识产权局颁布实施了《专利权质押合同登记管理暂行办法》（以下简称《暂行办法》），开始启动专利权质押融资工作。2003 年我国开始出现专利权质押，我国专利权质押融资取得了实质性进展。南宁市虽然在 2009 年颁布的《南宁市人民政府关于进一步支持中小企业融资的实施意见》中就提出要发展知识产权质押融资，但是到了 2012 年才有 2 家企业以企业自有知识产权质押获得银行贷款。可见，南宁市知识产权整体意识淡薄，经济基础有限，各个主体参与度不足。

一是金融机构参与度低。目前，全市已实际开展专利权质押贷款工作的仅有 14 家金融机构，而且主要集中在交通银行、建设银行等国有银行，其他银行参与较少。据统计，截至 2017 年年底，全市共有银行 39 家、小贷公司 109 家。

二是企业参与度低。2014—2017 年南宁市共有 43 家企业获得专

利权质押贷款，而目前南宁市高新技术企业总数达 451 家，南宁市科技型中小企业总量达 207 家。

三是中介服务机构参与度低。目前占据南宁市专利价值评估业务市场的主要是中都国脉（北京）资产评估有限公司、北京东鹏资产评估事务所等几家机构。据统计，截至 2017 年年底，南宁市共有保险公司 39 家、担保公司 42 家，但是实际参与专利权质押融资工作的担保机构、保险公司非常少。截至 2017 年年底，南宁市通过国家或自治区备案的专利代理机构达 26 家，但是其中涉及专利权质押融资业务的专利代理机构却很少。

6.2.2　政策体系不完备

南宁市于 2017 年出台了专利权质押融资专项激励政策——《南宁市企业专利权质押融资项目贴息和补助资金管理办法》，这也是目前南宁市唯一一份专门针对专利权质押融资工作的规范性文件。但是，目前南宁市对于专利权的价值评估、质押程序等方面还缺乏明确的操作规范，而且针对专利权质押融资业务中各方的责任义务、纠纷处理等仍是空白，银行自身开展专利权质押融资业务也没有专门的规范，南宁市对专利权质押融资业务的有效指引还需进一步加强。目前，国内许多地区都针对专利权质押融资工作出台了相关的地方性法规或规范性文件，如《重庆市知识产权质押融资管理办法（试行）》《青岛市专利权质押贷款实施指导意见》《昆明市知识产权质押融资中介评估机构认定和服务补助实施细则》《珠海市知识产权质押融资风险补偿基金试行管理办法》等。

6.2.3 申请门槛高

银行等金融机构对专利权质押贷款项目的热衷程度显然无法与不动产等传统贷款项目相比，在项目选择上几乎百里挑一，对专利权质押贷款项目设定了较多限制。交通银行广西区分行要求出质的专利权必须是企业经营的核心专利、核心技术或核心无形资产，且已实质性实施于主营产品，具有一定的市场潜力和良好的经济效益；申请企业必须同意由该行指定的合作机构为其申请授信，且向其提供智权融资相关的综合服务，服务内容包括但不限于智权的权属审查、价值评估、维护管理、授权委托、风险处置等。建设银行要求其借款人应成立两年及以上，近两年至少有一年实现盈利，且近两年销售收入正增长；借款人为专利的所有者或合法使用者，其高新技术产品（服务）收入占企业当年总收入的50%以上。

6.2.4 业务办理流程复杂、耗时较长

从已有的企业专利权质押融资案例来看，专利权质押融资涉及企业融资申请资料准备、价值评估、银行内部程序审批、质押登记等多个环节，部分项目更涉及担保、保险等更多的金融环节，全程审查十分严格，时间成本较高，整个流程走下来往往要超过2个月。

而且，专利权质押登记需在国家知识产权局办理，虽然现在专利权质押已经可以在南宁市的代办处进行登记，但是办理依然需要半个月左右的时间。以前南宁市还未设立代办处时，企业只能到国家知识产权局进行质押登记，登记路途遥远、时间跨度长，从资料报送到下达专利权质押登记证，有时长达 3 个月时间。过长的流程往往会使企业错过最佳融资时间，科技型中小企业办理专利权质押融资的积极性严重受挫。

6.2.5　融资成本高

企业申请专利权质押贷款的成本包括寻求评估公司对专利出具评估报告、寻求律师事务所制定专利质押融资合同、寻求担保公司来增加信用等的支出费用；银行所要求的利息支出，而且由于专利权估值困难且价值不稳定，商业银行对专利权风险定价的利率一般都会高于基准利率；申请专利的费用和公开专利被其他企业模仿而失去行业领先地位的机会成本。这些成本增加了专利权质押融资交易成本。虽然南宁市获得专利权质押贷款的企业能够按照当年中国人民银行同期贷款基准利率的 80% 获得贴息补助，但是同一笔贷款给予贴息不超过一年，年度内对同一企业贴息最高不超过 30 万元。南宁市企业因贷款而产生的评估费（含专利评估、价值分析费等），由企业支付给评估机构，市财政经费再按确认发生额的 80% 予以补助，但是对同一家企业年补助最高不超过 6 万元，同一家企业享受补助最多不超过两次。因此，对于处于初期发展阶段的中小型企业来说这些成本也是一笔比较大的开支。

6.2.6 质押率低，单笔额度小

专利权质押率一般由企业经营管理能力、专利权评估价值、专利权预期流动性、专利权及其价值的稳定性、企业与其实际控制人的资信状况等综合确定。但是，在实际业务中金融机构对于专利权评估价值认可度不高，授信额度大幅低于专利权的评估价值，一般只有专利权评估价值的 30%左右，显得过于保守，单笔放款额度也不高。例如：2017 年，广西捷佳润科技股份有限公司以 2 项发明专利权质押仅融资 300 万元，广西福美耀节能门窗有限公司以 2 项发明专利权质押仅融资 150 万元，广西盛业节能科技股份有限公司以 4 项实用新型专利权质押仅融资 600 万元。建设银行明确规定知识产权贷款单一担保额度最高 200 万元、组合担保额度最高 500 万元；南宁市中小企业服务中心合作银行开展的知识产权质押贷款单笔金额最高也不超过 500 万元。

6.2.7 质押期限短，贷款期限短

由于专利权具有时间性，为了保障债权实现，在质押期间必须保证作为质物的专利权是无可争议的有效专利，因此专利权的有效期对专利权质押期限有着重要影响。南宁市目前的专利权质押中大

多数的质押期限为 1~2 年，即贷款期限为 1~2 年。2015 年南宁市质押登记的专利权中，已有 11 项于 2016 年解除，26 项于 2017 年解除；2016 年南宁市质押登记的专利权中，已有 9 项于 2017 年解除。银行方面，建设银行对知识产权质押贷款期限规定为不超过 1 年；桂林银行南宁科技支行对知识产权质押贷款期限规定为 1 年，对优质企业可放宽至 2 年。

6.3 南宁市专利权质押融资发展存在问题的成因分析

6.3.1 从专利层面分析

6.3.1.1 专利价值评估难

（1）专利价值具有不确定性。

现今科学技术水平突飞猛进，新的专利层出不穷，尽管法律规定了专利权的有效期，但专利权价值很有可能在保护期内就开始衰减。专利权价值量主要由法律、技术、经济等因素决定。专利权的类型、专利权保护范围的大小、专利权的法律状态以及专利权的实施状态是影响专利权价值量的法律因素，专利技术的成熟度、专利技术创造性的大小、专利技术所属技术领域和行业是影响专利权价值量的技术因素，成本、市场和风险是影响专利权价值量的经济因素。因此，专利权价值评估需要综合科技、文化、市场、财务和法律等方面的知识，需要技术分析、背景调查、成本核算和前景预测等全生命周期的评价，这就导致了专利权价值评估的高成本。而且这些因素不是固定不变的，会随着技术的成熟及进步、专利技术产品市场的变化、专利权有效期的变化和经济形势的变化而变化。专利权价值的不确定性，导致了评估专利价值需要综合考虑的因素多且不稳定，要形成科学、可量化且被各方认可的评估价值十分困难，无形中限制了专利权质押的担保功能，银行等金融机构不太愿意承担这个风险。

（2）专利价值缺乏恰当的评估方法。

首先，专利价值的评估行为是以企业质押融资为目标的评估行为，其评估结果最后需要作为金融机构决定贷款额度的参考。就专利权持有者的企业而言，评估专利价值是为了获取更多的融资资金；就银行等金融机构来说，维护债权安全性，规避风险是其首要目的。评估目的不同，在价值评估方法的选择上就会出现分歧，进而也会加重融资双方对专利权价值认识的分歧。其次，对于专利权价值还缺乏恰当的评估方法，当前知识产权价值评估采用的方法主要是成本法、收益法或市场法。每种评估方法都有一定的适用性，也都具有一定的局限性，再加上缺乏统一的评估标准，不存在任何一种放之四海而皆准的评估方法。即使在评估方法的选择上达成了一致，评估方法自身的局限性也会导致评估结果的差异性。我国尚未形成科学的无形资产核算的会计准则，专利权生产成本难以计算，这导致成本法难以适用。专利权的研发、交易等成本之和与其价值往往不成正比，而专利权的经济效益的预期又十分困难，因而收益法更多体现的是评估人员的评估假设和主观判断。最后，专利交易市场的不完善，使得大量专利权产品的市场价格也缺乏对比，这导致市场法得出的结果与专利权价值契合度不高。现行的许多方法往往忽视了质押业务的主要特点是重视风险，在进行专利质押价值评估时缺乏有效的风险控制程序，导致专利质押价值评估的结果对专利质押贷款业务缺乏参考价值，因此银行往往就会不认可评估机构作出的评估价值。

6.3.1.2 专利变现难

专利权虽然具有很好的价值，但是在市场上的流通性很低，金融机构必须要事先考量一旦需要将质物变现时，是否有相关的交易市场，以及市场的接受度。专利权不像有形资产那样价值稳定且易变现、流通性好，专利权很难通过拍卖达成交易。虽然广西知识产权交易中心、北部湾产权交易所等落户南宁市，但是知识产权交易机构数量还是偏少，专业化水平不高，加上信息不对称、知识产权的区域性和产业差异等问题一直影响着知识产权的流转速度，交易市场不够壮大，缺乏健全的知识产权交易生态环境。当企业对应的债务逾期，债权人需要通过处置专利权获得及时、足额的补偿时，这些问题往往会导致银行等金融机构实现质权渠道不畅。一旦出现信贷风险，质押贷款银行将承担较大的损失，因此银行在开展该类业务时较为谨慎，影响了专利权质押融资业务的大规模开展。

6.3.2 从银行层面分析

6.3.2.1 银行缺乏全局统筹

开展专利权质押贷款业务的各个银行因自身性质的不同，对专利权质押融资也有自己独特的规定和偏向，但在整体上缺乏全局的统筹。在商业银行面对的客户主体中，中小企业只是一小部分，但也是高风险的一部分。商业银行拥有大量优质、可提供固定资产并且风险较专利权质押融资更小的客户，这使银行对于专利权质押融资的积极性不高，而且银行作为营利性组织，更偏向于将资金投向短期效益更明显的项目上。因此，开展专利权质押贷款业务，需要银行进行全局统筹，细分市场，划分目标客户群，创新研发产品，不断拓展市场。

6.3.2.2 银行承担了主要的风险

（1）专利权自身的风险性给银行带来很大的风险。

专利权的价值具有不确定性，可预测性差，而且专利权价值评估机制不完善，对专利权价值进行量化评估十分困难。权利纠纷、技术换代、经营困境等因素均可造成专利权价值大幅减损。而且，与不动产抵押相比，专利权的流动性相对较差，处置起来较为困难，专利权转让市场狭窄，评估、转让流程复杂。这使得风险控制非常困难，与银行等金融机构追求信贷安全的目标不符，银行不愿承担过高风险，从而对专利权质押缺乏信心。

（2）银企信息不对称加剧银行面临的风险。

开展专利权质押融资的银企双方信息不对称，企业作为筹资方拥有绝对的信息优势，而银行则处于相对弱势的地位。在发放专利权质押贷款前，企业对专利权的评估价值、自身的偿债能力及发展前景等情况有比较清晰的了解，但银行却难以充分了解有关信息，即使在专利权质押贷款成功发放后，企业和银行仍然存在信息不对称问题，企业可能将融得的资金从事比协议更高的风险性投资，使银行承担更高的风险。为了降低自身承担的高风险性，转嫁贷款风险，银行就会提高专利权质押贷款准入门槛。

6.3.2.3 银行将隐性成本利息化

为了降低银企之间的信息不对称，控制风险，银行办理专利质押贷款业务时需要对企业进行尽职调查，对企业的经营管理、营利能力、现金流状况、信用管理状况、资金实力进行严格的审查，全面了解企业的相关信息，而这些都需求耗费巨大的时间、人力及资金成本。出现债务逾期时，银行在将质物变现阶段有时也需要专业的评估机构、交易机构的介入，导致专利权变现周期拉长，交易成本增大。这些都将构成银行的隐性成本，很多银行都将隐性成本利息化，导致专利质押贷款利息很高。

6.3.2.4 银行的产品设计与风险控制

第一，缺乏产品设计创新。南宁市的银行中，设立了专利权质押贷款业务的并不多，普遍的专利权质押贷款产品就是单一的专利权质押或者专利权绑定固定资产组合质押，然后配套政府贴息和风险补偿。南宁市的银行缺乏针对性的产品设计创新，处于一种尝新的阶段，而且并未对科技型中小企业自身的高技术风险、市场风险和财务风险等进行深入了解以及设立对应的防控措施，导致其在放贷后的风险监控过程中无法及时、准确地掌握相关信息，致使风险管理相对滞后。

第二，信贷风险控制不变。银行的信贷风险会直接影响到其营利水平。在实际运作中，银行对专利权质押贷款的风险容忍度较之普通贷款的风险容忍度并未有实质改变，"不良贷款率"仍然在3%左右。原因在于，"不良贷款率"不仅是商业银行控制信贷风险和提高绩效的核心指标，而且是影响银行绩效的重要指标。因此，对银行而言，绝不会允许有较高的"不良贷款率"出现，所以银行在开展专利权质押贷款业务时可能会将门槛抬高、额度放小，以保证其"不良贷款率"在指标范围之内。

6.3.2.5 银行业务人员绩效考核与问责制度

商业银行建立了严格的不良贷款问责制度，一旦形成不良贷款将会对相关责任人进行非常严厉的处罚；不良贷款不仅会影响经办人员的收益，而且经办人员需要承担该笔贷款的"终生"责任。因此，商业银行的绩效考核与问责制度必然导致业务人员发放低风险贷款的偏好，不仅那些高风险的小型和微型科技企业会被排除在外，而且那些风险较低的大中型科技企业也普遍采用担保贷款的方式。所以，业务人员在办理专利权质押贷款时，只会更加严格把控。

6.3.3 从企业层面分析

6.3.3.1 企业知识产权保护意识薄弱、缺乏知识产权管理建设

很多企业忽略了专利权真实存在的价值。很多企业一般不注重对专利的注册以及专利保护和技术保密，没有按时缴纳专利年费而导致专利失效的案例时有发生。另外，很多企业单纯认为专利只是生产销售的工具，而不是一个真实可交易的产品，没有认识到其在融资、交易等领域的重要作用。以上不重视和错误理解造成企业并未设立相关管理机构和制度，没有配备相关的工作人员进行管理，使专利权容易面临侵权问题，甚至认为专利的研发费用、年费等会给企业造成负担，从而没有将专利运用起来，发挥其最大价值。

6.3.3.2 中小微企业自身实力有限

南宁市中小企业在发展初期有形资产和生产经营规模大多较小，资产结构并不合理，抵御风险能力也较差，加上自身财务制度不健全，导致会计信息有所失真，从而与银行机构形成信息不对称，加上没有营造企业信誉，银行机构在贷款前的调查也就更为谨慎，导致达到门槛要求的企业很少。另外，中小企业自身条件有限也使专

利权质押融资的风险趋高。这些都使得很多企业对专利权质押融资望而止步。

6.3.3.3 企业融资经验不足

很多企业融资经验不足，在贷款材料准备、抵押策划、现场调研接待等方面都没能很好地表达自己的融资需求，也没有展示自身的实力与优势。特别是专利权质押融资业务属于新的业务种类，一些中小企业对此并不了解，认为专利权质押融资办理流程复杂，从专利权质押融资申请到款项到账一般需较长时间，不能为企业提供应急资金，就放弃了这一有利的融资途径。还有一些企业融资心态不太积极，第一年没能成功获得融资就放弃了这一融资方式，而不是积极创造条件继续申请。

6.3.4 从政府层面分析

6.3.4.1 法律法规建设不完善

（1）专利权质押贷款的法律法规并不全面、细化。

目前南宁市虽然出台了有关知识产权融资的一些政策，但多属于部门规范性文件，效力低于法律、行政法规，且内容较为笼统。目前，我国还没有一部与知识产权质押融资相关的具体法规，相关法律只是简单地阐述知识产权质押，缺乏具体实施的相关规定，导致南宁市在进行专利权质押贷款时难以获得指引和运作细则。2021年11月，国家知识产权局颁布了修订的《专利权质押登记办法》，专利权质押发展至今已出现了很多新的问题，但是目前仍没有好的应对方法。针对专利权质押融资业务中各方的责任义务、纠纷处理等仍处空白，银行自身开展专利权质押融资业务也没有专门的法律规范。

（2）专利价值评估缺乏统一标准和监督管理。

目前南宁市专利价值评估工作的开展主要参考 2006 年财政部和国家知识产权局发布的《财政部国家知识产权局〈关于加强知识产权资产评估管理工作若干问题〉的通知》，2008 年中国资产评估协会修订的《资产评估准则——无形资产》《专利资产评估指导意见》，上述文件不涉及资产评估机构的责任义务，没有评估专利权所需的完备技术标准和系统的信息储备，也没有对专利评估过程中需要的具体资料、获取资料的途径方法、参数确定的方法、指标判断标准等进行具体、细化的管理规定。评估机构即使获得了相关的数据也会因为评估人员对其不同的理解导致不同的评估结果，评估过程中的主观随意性非常之大，甚至有评估人员违背职业道德随意按照企业的意图调整专利评估值。这些因素增加了专利权评估的主观随意性、风险性，使得专利权价值评估结果不够权威。

评估机构缺乏严格的监督管理，没有明确规定自身在专利权质押融资过程中所负的义务和责任。另外，专利价值波动较大不容易评判，专利评估结果的重大误差无法判定是由人为主观因素还是由于客观市场变动因素造成的，目前没有专利价值评估结果的重大误差责任追究方面的规定。由于缺乏重大误差认定标准，无法对专利价值评估结果的正确性和误差程度进行判断，所以评估人员在评估专利价值时经常通过法律漏洞来推卸责任。这样的法律漏洞导致很多评估人员为了一己私利不惜冒险进行评估造假。这也是造成金融机构对评估机构的评估结果不信任的原因之一。所以，南宁市开展专利权质押贷款的银行都要求企业出具专利价值评估报告，且报告必须由已经进入本银行评估机构名单的评估机构出具。

6.3.4.2 政府投入不足

2017年2月南宁市出台了《南宁市企业专利权质押融资项目贴息和补助资金管理办法》，只对企业给予补贴，而且年度内对同一企业贴息最高不超过30万元，对同一家企业年专利价值评估费补助最高不超过6万元。青岛市对贷款企业进行专利评价的中介机构，每签订一份服务合同就可获得6 000元的服务费资助，贷款企业可享受贴息资助的贷款额度最高不超过500万元。另外，青岛市为出质专利进行处置而发生的专利评估费提供最高不超过3万元评估费资助。河南省对专利权质押融资业务中涉及的担保公司、评估公司、保险公司和其他知识产权质押融资服务机构都提供专利权质押融资服务补贴。

2017年5月南宁市工业和信息化委员颁布了《关于印发南宁市"两台一会"中小企业贷款平台科技型企业知识产权质押贷款实施方案的通知》，明确在"两台一会"财政配套资金中首期划拨1 000万元作为知识产权质押贷款助保金贷款资金池的政府风险补偿铺底资金，用于对知识产权质押贷款的增信和风险补偿。这也只是为银行提供了风险补偿而已，而海南省对提供专利权质押融资服务的金融机构除了风险补偿以外，还有上限为 300 万元的补贴。

6.3.4.3　尚未形成鼓励支持专利权质押融资的良好氛围

南宁市近年来创新创业氛围浓厚，截至 2017 年年底，南宁市全市有效高新技术企业总数达 451 家，南宁科技型中小企业总数达 207 家，南宁市发明专利申请授权量同比增长 8.15%，有效专利量同比增长 25.62%，为开展专利权质押融资奠定了较好的基础。2009 年出台的《南宁市人民政府关于进一步支持中小企业融资的实施意见》，提到要积极拓展知识产权质押融资业务，可是到 2012 年南宁市只有 2 家企业获得专利权质押贷款。2017 年 2 月南宁市出台了《南宁市企业专利权质押融资项目贴息和补助资金管理办法》，但 2017 年度全市仅有 8 家企业获专利权质押贷款。政府政策得不到市场应用的回应，在客观上反映出专利权质押融资的难度较大，企业、金融机构不愿意开展此项业务；在主观上反映出有关政府部门引导、推进企业利用专利权展开质押融资的力度还不够，尚未形成鼓励、引导专利权质押融资的良好氛围。

6.3.5 从中介服务机构层面分析

6.3.5.1 专利价值评估机构不够专业，且缺乏竞争

目前南宁市专利评估机构以第三方评估机构为主，但其仅为单独的评估机构，而非专门从事专利评估的机构。目前，南宁市从事专利价值评估的人员多为具有资产评估师资质的评估人员，这一类人员主要是资产评估专业或财务专业出身，对专利相关的法律法规以及各行业的专利技术特点不是很了解。有的资产评估师甚至没有相应的专利评估工作经验，评估人员的专业知识水平参差不齐。专利价值评估过程中不仅需要对企业的财务状况、市场需求等进行判断，还需要对专利的法律状态、要求权合适度、技术先进性、创造程度等专业性等问题进行判。由于理解上的不同，不同的分析师对同一专利的价值判断差距很大，评估结果差距也较大。有时甚至会有从会计师事务所和审计师事务所抽调人员进行评估的情况发生，这些临时的评估人员缺乏交流，信息不对称，加之没有统一的标准，各自从不同的目的、角度出发进行评估，导致评估结果主观性较强，但缺乏专业性，专利权质押融资双方对评估报告的认可度低。

南宁市企业在选择专利价值评估机构时必须选择银行推荐的已准入该行的机构，这一方面大大降低了企业与评估机构对于评估费的议价能力，同时鉴于评估机构对评估价值具有评估责任，也可能向企业收取一定的担保费用，从而增加了企业专利权质押融资的成

本；另一方面，南宁市专利价值评估市场主要被几家评估机构占据，评估机构缺乏同业竞争的环境，评估机构难以受到业界的互相监督，随意组合团队、采用非专业化人员进行价值评估等现象导致服务水平、专业水平、诚信度难以提升，而且基于风险考虑，评估机构可能会在正常水平的基础上低估其资产价值，造成贷款企业获得的额度较小，严重影响企业融资效果。

6.3.5.2　担保、保险等服务机构参与专利权质押融资的经验不足

在专利权质押融资的整个流程中，由于专利权的特殊性所造成的风险是贷款方所不愿意接受的，在此情况下，银企应该采取风险共担，但是，目前南宁市十分缺乏拥有专利权质押融资丰富经验的担保机构和保险机构，风险承担者仍以银行为主，风险承担并未形成市场化，缺乏一个良好的利润共享、风险共担的局面。

6.4　南宁市专利权质押融资创新发展的对策措施

6.4.1　搭建专利权质押融资综合服务平台

6.4.1.1　平台需求主体与需求内容

专利权质押融资综合服务平台是为专利权质押融资各参与主体提供专利权质押融资需求、专利价值评估、贷款发放审批、质押登

记代办、贷款发放、补贴申领代办、贷后管理等专利权质押融资业务全流程线上办理的"一站式"综合服务平台。专利权质押融资流程见图6.2。需求主体与需求内容表见表6.5。

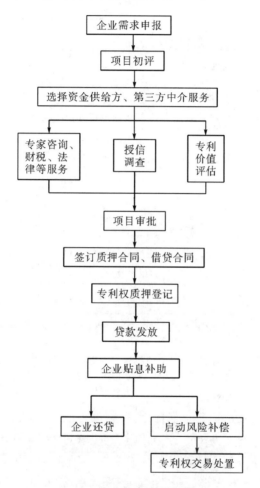

图6.2 专利权质押融资流程

表 6.5　需求主体与需求内容表

需求主体		需求内容
资金需求方	科技企业	通过平台在线上一站式完成专利权质押贷款的全部流程
	高等院校	通过平台实现专利权转让、许可
	科研院所	
资金供给方	商业银行	通过平台发布专利权质押贷款相关产品与服务、专利权质押贷款发放线上审批、贷后管理
	信贷公司	
中介服务	担保机构	通过平台发布专利权质押贷款相关产品与服务、专利权质押贷款担保发放线上审批
	保险公司	通过平台发布专利权质押融资相关保险产品与服务、专利权质押贷款保险发放线上审批
	评估机构	通过平台发布专利权价值评估服务、进行在线评估分析、出具评估报告
	产权交易机构	通过平台为专利权提供转让、许可等服务
	律师事务所	通过平台提供专利鉴定及维权服务
	会计师事务所	通过平台提供专项审计及税务筹划服务
	信用评级机构	通过平台提供企业履约能力、信用征信等信息实时查询服务
	代办公司	通过平台提供专利权质押登记代办等服务
	高等院校	在平台提供专利权质押融资相关专家咨询服务
	科研院所	

表6.5(续)

需求主体		需求内容
监管部门	知识产权局	全面掌握质押专利,出质企业,放贷银行,质押金额,贷款期限与利率,参与的担保机构、保险机构及评估机构,贴息补助发放金额,风险补偿资金使用情况等专利权质押融资发展实时动态数据,及时制定相应的政策和激励措施,引导各参与主体积极参与到专利权质押融资工作中,对专利权质押融资工作进行宏观调控和管理
	金融办	
	工信委	
	市场监督管理局	监管出质专利的企业的生产经营、诚实纳税、守法经营情况
	税务局	
	财政局	监管专利权质押融资贴息补助资金、风险补偿资金使用情况
	统计局	全面掌握质押专利,出质企业数量,放贷银行,质押金额,参与的担保机构、保险机构及评估机构,贴息补助发放金额,风险补偿资金使用等专利权质押融资相关统计数据

6.4.1.2 平台功能设计

(1)需求申报。

企业在线填写融资需求金额,期望合作的银行及担保公司、保险公司,过往专利权质押情况等信息,上传出质专利证书、专利缴费证明等专利信息,上传企业营业执照、财务报表、纳税表、联系方式等企业基本信息,并进入项目需求库。

(2)项目初评。

平台对需求库中的项目,结合质押专利权的法律权属状态、有效年限以及财务报表、纳税表等基本信息,就企业的知识产权情况、产业方向、科技水平、市场前景、经济效益、社会效益等指标进行项目初评。平台评选优质项目,优先向银行推荐;对于条件尚未成熟,但是发展前景好的项目，划入培育项目库，加大辅导、培育力度。

（3）产品与服务。

平台发布银行或信贷公司信息、产品介绍、企业与专利要求、放贷额度、放贷期限、贷款利率、担保方式、成功案例等信息，供双方进行洽谈，进入放贷审批系统。

担保产品服务。平台发布担保公司信息、产品介绍、项目要求、收费标准、成功案例等信息，供双方进行洽谈，进行担保发放审批。

保险产品服务。平台发布保险公司信息、产品介绍、项目要求、收费标准、成功案例等信息，供双方进行洽谈，进行保险发放审批。

评估服务。平台发布评估机构资质、成功案例（特别是质押率）、服务收费情况等信息，供双方进行洽谈，进入专利价值在线评估系统。

财税与法律服务。平台发布机构资质、成功案例、服务收费情况等信息，供双方进行洽谈，企业填写服务需求与上传相应材料，导出服务报告。

专家咨询服务。平台发布专家姓名、专家从事专业、专家学历、专家职称、专家教育经历、专家个人简介等信息，供双方进行咨询交流。

质押登记代办服务。平台发布机构资质、成功案例、服务收费情况等信息，供双方进行洽谈，在线下单，填写（或上传）质押登记申请书、贷款合同与质押合同、营业执照与身份证、授权书、资产评估报告等质押登记相关材料，办理相关手续，收到质押登记证书。

（4）专利价值在线评估。

企业在线填写需求服务单，内容包括服务项目、评估目的、专利类型、企业联系信息等。首先，企业自主选择评估机构，并通过平台线上协商服务内容细节，上传（或在线填写）营业执照及税务登记证、生产许可证、专利权人身份证复印件、企业简介、公司章程、专利产品研发情况简介、专利研制人简介、专利证书复印件、专利说明书、近三年财务报表或与专利产品相关财务收益统计等基础资料。其次，平台协调评估机构与平台内各利益关系方（银行、保险、担保）建立"评估公允价值"的联合认定机制，统一评估标准，通过系统软件的方式固化评估数学模型，评估机构必须按统一的系统操作程序进行线上评估，如有需求可在专家库邀请相关领域专家参与评估，以提高评估结果的科学性与权威性。最后，平台直接导出评估报告。同时，平台还设立了严格的监督管理和重大误差责任追究制度，降低评估过程中的主观随意性，监督评估机构人员的违法操作行为。

（5）项目审批。

银行或信贷公司通过平台线上审核专利权属、有效年限、年费缴纳情况；专利是否为企业经营的核心专利或技术，是否已实质性实施于主营产品，是否具有一定的市场潜力和良好的经济效益；专利价值评估报告。银行或信贷公司通过平台线上审核企业营业收入情况、纳税情况、征信记录。审核项目担保方式、还款方式。银行或信贷公司结合线下尽职调查，审批授信额度、放款期限、利率。

签订质押合同、借款合同。企业在平台选择专利权质押登记代办，登记之后即可发放贷款。

（6）贷后管理。

企业线上办理贴息补助申报，在线填写贴息和补助资金申报书，上传企业营业执照副本、税务登记证副本、专利权质押登记通知书、质押的专利权证书、专利权质押合同、借款合同、贷款发放银行出具的贷款真实性证明、专利价值评估费用以及担保保险费用支付凭证等材料。平台审核填报材料符合相应要求，即可发放贴息补助。

贷后风控跟踪，获贷企业定期在平台上报资金使用情况及取得的效果、企业近期的资产负债表、利润表、现金流量表等信息。评估机构对专利价值定期再评估。借款银行根据企业上报信息与专利价值定期再评估报告，对项目风险进行再评估。

企业线上办理风险补偿申领，在线填写风险补偿资金补偿申请书，上传申请单位企业法人营业执照和法定代表人身份证复印件，专利权质押备案登记文件、评估报告、担保或保险合同、贷款合同，贷款人出具的违约通知书等。平台审核填报材料符合相应要求，即可发放贴息补助。

（7）专利交易。

出售专利信息发布，包括专利名称、专利号、专利类型、行业分类、相关技术信息、专利权人、专利权属状态、评估价值、交易方式、拟交易价格等信息。

专利需求信息发布，包括求购专利技术描述、技术领域、专利类型、求购方式、联系方式等。

平台通过大数据分析拟出售专利信息，为买卖双方进行对接推荐，由买家选定所需专利；双方磋商洽谈，确认交易合同，在线下单；买卖双方签订"专利转让/许可委托书""转让/许可协议""解聘书"等，办理相关过户手续；买家收到"专利证书""专利手续合同通知书"原件。

（8）资讯信息。

新闻动态。南宁市专利权质押融资相关工作新闻动态。

政策发布及解读。国家、广西壮族自治区及个别地市专利权质押融资相关政策发布及解读。

通知公告。专利权质押融资相关实务培训、银企对接会等会议通知。

数据统计。质押专利权数量，出质企业，放贷银行，质押金额，参与的担保机构、保险机构及评估机构，贴息补助发放金额，风险补偿资金使用等专利质押融资相关统计数据信息。

研究报告。定期发布相关专家对南宁市专利权质押融资发展相关的研究成果。

行业资讯。区内外专利权质押融资相关的重大新闻资讯。

专利权质押融资业务线上办理动态实时信息查询。

6.4.1.3　平台总体架构

平台总体架构见表6.6。

表 6.6 平台总体架构

	一级栏目	二级栏目
南宁市专利权质押融资综合服务平台	需求申报	企业申报系统
		需求库
	项目初评	质物状态查询
		企业信用查询
		项目评估
		优质项目库/培育项目库
	产品与服务 （专利权质押融资 相关服务供给库）	专家咨询服务超市（南宁市专利权质押融资专家库）
		评估服务超市
		贷款产品服务超市
		担保产品服务超市
		保险产品服务超市
		财税与法律服务超市
		专利权质押登记代办服务超市
	专利权价值评估	服务需求填写
		洽谈磋商
		在线评估
		报告导出
	项目审批	担保发放审批
		保险发放审批
		银行（信贷公司）放贷审批
		合同签订
		最新放贷信息
	贷后管理	补贴申领线上办理
		贷后风控跟踪
		风险补偿线上办理
	专利权交易	出售专利权信息
		专利权需求信息
		双方洽谈
		在线下单
	资讯信息	新闻动态
		政策发布及解读
		通知公告
		数据统计（广西专利权质融资项目数据库）
		研究报告
		行业资讯
		专利权质押融资业务线上办理动态实时信息查询

6.4.1.4　平台运行机制

国家知识产权局在全国范围内，布局了国家"1+2+20+N"知识产权运营战略体系。全国知识产权运营公共服务平台，由中国专利技术开发公司、知识产权出版社有限责任公司、中国专利信息中心共同注资成立，华智众创（北京）投资管理有限责任公司全面承担平台的建设和运营。国家知识产权运营军民融合特色试点平台，由西安科技大市场有限公司、深圳市丝路科创股权投资管理合伙企业、北京中献电子技术开发中心、深圳神州普惠信息有限公司发起成立，西安科技大市场创新云服务股份有限公司负责承建和运营。国家知识产权运营公共服务平台金融创新（横琴）试点平台，由珠海金融投资控股集团有限公司、横琴金融投资集团有限公司、横琴发展有限责任公司强强联合投资组建，横琴国际知识产权交易中心有限公司承担平台的建设与运营。

自国家知识产权局公布全国知识产权质押融资试点单位名单以来，各地区依次建立了相应平台。重庆知识产权质押融资服务平台，由重庆市金诚知识产权服务有限公司、重庆市科技服务大市场有限公司、北京中金浩资产评估有限责任公司、金诚国际保险经纪有限公司发起成立，重庆科融知识产权服务有限公司负责平台运营管理。合肥市知识产权公共服务平台，由合肥市科技局主管，合肥汇众知识产权管理有限公司负责研发、建设、运营。青岛专利权质押保险贷款服务平台、南昌市知识产权质押融资受理平台、北京海淀区知识产权服务平台，都是由当地知识产权局负责运营管理。无锡市知识产权服务平台、上海浦东新区知识产权公共服务平台，都是由当地知识产权中心管理和运营。

综上，当前国内相关平台的运行机制主要有：

（1）由知识产权局直接负责运营管理。

（2）由知识产权局设立知识产权中心等专门机构负责运营管理。

（3）由单一的知识产权管理公司直接负责运营管理。

（4）由技术研发公司、知识产权管理公司、投资公司、保险公司、担保公司、评估公司等多个公司重新组建新公司，全面负责研发建设和运营管理。

南宁市可结合自身实际情况探索适合南宁市专利权质押融资发展的管理机制与运营机制。

6.4.1.5 平台特色

一大查询。专利权质押融资业务平台可以线上办理动态实时信息查询，支持实时查询专利权质押融资业务线上办理动态状况，并通过手机短信、电子邮件等方式向相关人员发送专利权质押融资业务办理的最新信息。

三大数据库。专利权质押融资业务平台包含由需求库、优质项目库、培育项目库、融资项目库构成的专利权质押融资数据库，为政府部门对专利权质押融资工作进行宏观调控和管理提供科学的数据依据；专利权质押融资业务平台包含企业信用等级及企业动态信息数据库，重点解决银企之间的信息不对称问题；专利权质押融资业务平台包含专利权质押融资专家库，集合专利权质押融资相关领域的专家学者，为广西专利权质押融资的发展提供智力支撑。

五大联盟。专利权质押融资业务平台整合齐聚银行与信贷机构联盟，保险机构联盟，担保机构联盟，评估机构联盟，行业专家、会计、律师、代办公司等第三方中介服务机构联盟的多方优质资源，打造专利权质押融资"银、保、担、评、介"五大服务联盟。

七大系统。专利权质押融资业务平台包含需求申报系统、项目初评系统、产品与服务系统、项目审批系统、贷后管理系统、专利交易系统、资讯信息系统七大系统，支持专利权质押融资业务全流程线上办理。

七大服务超市。专利权质押融资业务平台包含专家咨询服务超市、评估服务超市、贷款产品服务超市、担保产品服务超市、保险产品服务超市、财税与法律服务超市、专利权质押登记代办服务超市七大服务超市，提供企业专利权质押融资业务所需的全方位服务。

6.4.2 设计基于五大类专家联合评估的专利价值评估机制

6.4.2.1 评估思路

企业专利权质押融资授信额度由企业授信额度加上专利权追加授信额度共同组成。企业授信额度：设计企业授信指数评估体系，设置不同企业授信指数区间对应的授信额度；根据评估出的企业授信指数值，授予其相对应的额度。专利权授信额度：设计专利权授信指数评估体系，设置不同专利授信指数区间对应的授信额度；根据评估出来的专利权授信指数值，授予其相应的额度；专利组的授信额度为每个专利权授信额度之和。

6.4.2.2 授信指数评估指标的设计

（1）企业授信指数评估指标的设计。

Fitzpatrick Paul（1932）、Altman（1968）、Altman 和 Haldeman，Narayanan（1977）、Blum（1974）、Deakin（1977）、Ohlson（1980）、Richard（1982）和 Zavgren（1985）等已经研究了利用现金流量比率、净收入比率、资产负债率比率、流动资产比率、流动比率、周转率等财务比率预测企业财务风险。Lussier（2001）探究了涵盖企业经济状况和企业发展周期阶段等方面的共 15 个授信指标。Faulkner、Hughes 和 Jarvis（2007）阐释了财务信息在银行对小企业进行放款时的决策作用。Sabato 等（2007）论证了企业历史财务数据对贷款企业违约预测的重要意义。Altman 等（2008）认为纳入中小公司特征等定性指标有助于提高违约预测正确率。

范柏乃、朱文（2003）从企业偿债能力、经营能力、创利能力、管理能力、创新能力与成长能力六个层面遴选了 28 个评价指标，并运用隶属度分析、相关分析和鉴别力分析对评价指标进行实证筛选，进而建立了中小企业信用评价体系。方洪全、曾勇（2004）将银行对客户的信用评级作为衡量贷款企业风险大小的依据，通过逐步判定方法对企业财务指标进行筛选，最终保留了企业的营运资本/资产、税前利润/资产、资产/负债、现金/资产和流动资产/资产 5 个财务指标作为贷款企业信贷风险评估指标。梁琪（2005）初选了 24 种企业财务指标，利用主成分方法筛选并最终确定了企业偿债、盈利以及发展 3 个指标，将其纳入信用评估模型。吴岩（2005）研究发现，由于小企业自身经营的特殊性，在对中小企业选取相关指标分析时，要注重对那些能够衡量中小企业风险的核心指标的偿债能力、持续盈利能力、营运能力进行分析。尹志超、甘犁（2011）从贷款合同信息和企业特征两方面选择信贷风险评估指标，其中贷款合同信息指标具体包括贷款期限、贷款金额、还款方式、担保方式等，企业特征指标具体包括经济类型、管理特征、经营规模、信用等级等。胡心瀚、叶五一、缪柏其（2012）初步选取 23 个财务指标，并通过筛选确定固定资产周转率等 4 个评估指标作为信贷风险高低的衡量标准。谢昌文、李黎（2015）通过计算指标的权重判定其对被解释变量的影响，最终得出中小企业经营状况、资本状况以及还款能力与意愿对信贷风险发生与否有显著作用的结论。宋泽朋（2016）综合考虑财务和非财务两个方面，共设计了 14 个评价指标，并且通过独立样本 T 检验方法对其进行显著性差异检验，最终选出 8 项显著性差异评价指标。宋悦（2017）从财务指标和非财务指标两个方面进行信用评估指标设计，初步设计了 30 个指标，再通过变量相关性检验和逐步回归法筛选得出 8 个关键性指标，实证了中小企业偿债能力指标、盈利能力指标和营运能力指标对信贷风险发生与否有显著影响。

当前国内外对于企业授信评估决策的理论与实践探究中，首先从财务因素与非财务因素两大方面构建信用评估指标体系，其次采用层次分析法对企业信用体系中的指标赋权进行加权平均运算，最后得出企业的信用评价值，同时根据商业银行的企业信用等级分类标准来综合判定企业的信用等级，进而进行授信。

在借鉴国内外理论研究及实践探索对信用评估指标选取与权重设计的基础上，本书选取了偿债能力、盈利能力、运营能力、发展能力四大财务类指标，并结合专利权质押融资的特性，选取了企业专利技术创新投入与成果、企业信用两大指标。偿债能力、盈利能力、企业信用将直接决定企业是否有能力并且按时还贷，所以分别被赋予20%的权重；运营能力、发展能力反映企业未来的发展前景，直接影响其还贷能力，所以分别被赋予15%的权重；企业专利技术创新投入与成果体现了企业对专利的重视程度，间接反映企业的创新能力与专利技术水平，被赋予10%的权重。

（2）专利授信指数评估指标的设计。

在专利价值评估实务中，2012年国家知识产权局专利管理司、中国技术交易所联合编写出台了《专利价值分析指标体系操作手册》，构建了专利价值分析指标体系，从法律、技术、经济三个层面对专利进行定性与定量分析，产生相应的法律价值度、技术价值度、经济价值度，最终得出专利价值度。在国外，20 世纪 80 年代，美国 CHI Research 公司开创性地把文献计量学的方法用于专利价值的统计分析，提出了专利引用（包括前引和后引）、科学关联指数、技术生命周期、科学关联性，以及科学力量等 7 项经典的专利价值评估指标。

Reitzig（2004）提出了评估专利价值的 13 个指标：专利寿命、公司市场价值、专利族大小、技术覆盖范围、前引、后引、所有权、索赔数、专利策略、申请人数、跨国研究合作数量、主要发明人和法律纠纷。Hou（2006）将主要影响因素划分为四大类：技术因素、市场状态、法律因素、技术转移相关因素。万小丽等（2008）从专利技术价值、权利价值和市场价值三方面，构造了包含三个一级指标和 17 个二级指标的专利价值评估指标体系。李琰（2015）认为影响专利价值的因素包括：法律（权利要求数量、同族专利、引证情况、有效期），技术（应用范围、创新性、成熟度、可替代性），市场（市场需求、市场竞争力、市场占有率）等。

在借鉴 2012 年国家知识产权局专利管理司、中国技术交易所联合编写出台的《专利价值分析指标体系操作手册》以及国内外研究的基础上，本书选取了技术、法律两大类指标，结合专利权质押融资中存在的较大专利权变现风险，又细分了专利权市场指标与专利产品市场指标，提出了专利授信指数评估指标。法律意义上的完整性是专利权发挥价值的前提条件，而技术作为专利权价值的内在体现，通过市场才能反映其真正的价值，因此分别赋予法律30%的权重、技术30%的权重、市场40%的权重；而市场指标中，专利权背后的专利产品的市场情况将直接决定企业能否偿还贷款，专利权作为一种交易商品，其本身的市场情况将直接决定一旦企业出现违约银行能否快速实现变现，因此分别赋予专利权市场指标20%的权重、专利产品市场指标20%的权重。

6.4.2.3　质押融资专利价值评估机制

以《会计准则》《无形资产评估准则》《专利价值分析指标体系操作手册》为指导，本书创新设计了财务专家、法律专家、技术专家、经济专家、专利代理人五大类专家联合评估的质押融资专利价值评估机制。首先，通过系统软件的方式固化"公允评估价值"的数学模型，所有评估人员必须按统一的系统操作程序进行线上评估。其次，由财务专家对申请专利权质押融资的企业进行财务指标的初评，由熟悉专利领域特别是专利纠纷方面的法律专家对法律指标进行评估，由熟悉专利所属技术领域的技术专家对技术指标进行评估，由熟悉专利产品所属市场领域的经济专家和熟悉专利交易市场情况的专利代理人对专利产品市场指标进行评估。最后，对不同类别、不同层次的指标分别设置相应的权重，并特别设置专家权重，专家权重以专家实际成功评估并使企业获得贷款的经验基数累计。质押融资专利价值评估机制改变了当前市场上的专利价值评估实务中以单一的资产评估师为主，缺乏对专利相关的法律法规以及各行业的专利技术知识的了解的缺点，大大降低了评估结果的主观随意性，提高了专利权质押贷款双方对评估报告的认可度。

6.4.3　健全多层次的风险控制与分担机制

6.4.3.1　全过程风险动态管理

专利权质押融资综合服务平台中的项目初评系统会对专利、企业进行初步评估，评选出优质项目，筛选项目之时即是对项目的第一次风险评估。银行也会根据自身风控要求对项目开展尽职调查，通过实地走访企业、视察企业生产线、了解产品情况等方式，更为直观和准确地了解专利权的实施与利用、企业的财务状况、盈利模式、公司治理结构、信用状况，进行风险评估。由此，形成了贷前的双重风险控制。平台中的评估服务超市还会对平台内仍处于质押状态的专利实行质押专利价值定期动态评估，企业信用等级及企业动态信息数据库也会定期更新企业信息数据，贷后管理系统设立了相应指标要求获贷企业定期在平台上报资金运用情况、企业近期生产经营情况等信息，跟踪企业的发展状况，定期跟踪项目并对项目风险再评估，确保企业与质押物都在监控范围内。在企业信用、专利权价值、产业政策调整等预警信息存在警报时，银行可以及时掌握专利权现时的价值状况，在专利权价值下降时可以要求企业及时补充担保物甚至提前偿还贷款。如果企业存在发生违约事件、现金流紧缺等导致风险大幅增长的情况，银行可以提前制订应急计划，作为最后的一层保护层。如果企业发生破产清算等极端情况，银行可以及时将质物通过专利权交易市场进行转让变现，实现贷款的及时清偿。

6.4.3.2 风险补偿与分担机制

本书重构的专利权质押融资体系就是专门针对科技型企业，特别是科技型中小企业，在其出现现金流较少、缺乏银行要求的抵押资产、其金融交易结构表现出"高风险—低收益"的特征以及风险与收益不相匹配的情况时，将政府信用嵌入专利权质押融资银企交易结构之中，通过政府分担部分风险来改变科技贷款的风险与收益的不匹配关系。

本书设计的"政府嵌入型交易结构"的专利权质押融资业务模式分为两类：第一类是把政府信用"嵌入"专利权质押融资业务的交易结构之中，这类贷款可以称为"风险池资金"保证贷款。这里的信用"嵌入"是指政府通过事前承诺来为科技型企业进行"增信"，如果该笔贷款违约，政府将分担部分风险，或者说对商业银行所承担的风险实行部分补偿。所以，政府的事前承诺相当于在双边交易结构中"嵌入"了政府信用。第二类首先由政策性担保（或保险）为科技型企业进行"增信"，或者政府补贴担保费用或保险费用，由此促进商业银行与科技型中小企业达成专利权质押贷款交易。这里政府的信用"嵌入"是指先由政策性担保（保险）公司与企业达成"增信"交易，然后，商业银行再与企业进行贷款交易，形成科技型中小企业、担保（或保险）公司与商业银行之间的三边交易结构。

（1）政府贴息补助。

《广西壮族自治区专利权质押融资项目管理试行办法》规定对符合本办法规定条件的单笔贷款企业每年补助贴息总额最高不超过60万元。发生了担保、保险业务的，担保费和保险费分别按贷款金额的1%补助企业，每家企业每年补助总额不超过5万元；发生专利权质押评估费用的，补助企业50%的评估费，每家企业每年不超过2万元。

《南宁市企业专利权质押融资项目贴息和补助资金管理办法》规定对符合本办法规定条件的单笔贷款，按照当年中国人民银行同期贷款基准利率的80%给予贴息补助，同一笔贷款给予贴息不超过一年，年度内对同一企业贴息最高不超过30万元。同一企业享受贴息不超过两次（不连续支持），贴息资金在企业获得当年贷款并产生利息大于补助额度、且企业提交付息凭证后一次性核拨。企业因贷款而产生的评估费（含专利评估、价值分析费等），由企业支付给评估机构，市财政经费再按确认发生额的80%予以补助，对同一家企业年补助最高不超过6万元。同一家企业享受补助最多不超过两次。

（2）风险分担模式。

《广西壮族自治区专利权质押融资项目管理试行办法》规定，专利权质押融资项目采用"财政资助资金+银行""财政资助资金+银行+担保/保险""财政资助资金+银行+保险+担保"三种风险分担模式，企业可以选择其中一种模式。

第一，"财政资助资金+银行"风险分担模式。

"财政资助资金+银行"风险分担模式是指企业将专利权出质给银行而获得银行商业贷款，专利权质押融资项目一旦出现不良贷款损失时，财政资助资金和银行分别承担实际发生的专利权质押融资本金损失的30%和70%的风险分担方式。

第二，"财政资助资金+银行+担保/保险"风险分担模式。

"财政资助资金+银行+担保/保险"风险分担模式是指企业将专利权出质给担保公司，担保公司向银行担保而获得银行商业贷款，或者企业直接向保险公司购买贷款保证保险而获得银行商业贷款，专利权质押融资项目一旦出现不良贷款损失时，财政资助资金、银行和担保/保险机构分别承担实际发生的专利权质押融资本金损失的30%、20%和50%的风险分担方式。

第三，"财政资助资金+银行+保险+担保"风险分担模式。

"财政资助资金+银行+保险+担保"风险分担模式是指企业将专利权出质给担保公司，向保险公司投保融资项目，担保公司向银行担保而获得银行商业贷款，专利权质押融资项目一旦出现不良贷款损失时，财政资助资金、银行、保险公司和担保机构分别承担实际发生的专利权质押融资本金损失的30%、20%、25%和25%的风险分担方式。

积极推动保险机构探索设立专利执行保险、专利侵权保险、评估责任险、保证险、信用险等险种，为专利权质押融资的全流程中的重点环节进行保险，特别是各大中介机构也可通过保险制度来分散自身承担的过重风险，实现专利权质押融资风险共担。开发专利执行保险，针对在实施过程中专利可能遭遇的阻碍风险，特别为无法负担诉讼费用却面临风险的专利权所有人而设计；开发专利侵权保险，针对侵害他人专利权的风险，一般包括辩护费用、和解费用与损害赔偿费用等支出，解决金融机构专利权质押融资的后顾之忧；开发律师职业责任险，律师事务所可以通过参与律师职业责任险来有效规避律师在融资中的道德风险；开发评估责任险，资产评估机构可以通过参与资产评估师责任险来分散对专利权价值评估的潜在风险；开发信用保证险，信用担保公司同样可以通过保险和再担保等措施，将自身承担的过重风险进行转嫁，从而加快质物风险的处置。积极推进由财政出资设立的知识产权质押融资政策性保险，专门服务于符合国家产业政策和创新政策的中小企业，为专利权融资提供保险服务。政府推进出台优惠政策和措施，对承保损失给予一定的财政补贴或者对开办此险种的保险公司予以税收优惠，从而提高保险公司参与的积极性，降低融资信贷风险，促进专利权质押融资的开展。

　　目前，在南宁市专利权质押融资中，中国人寿、中国平安等保险公司多次为专利价值评估机构提供了专利价值评估保险服务。

2018 年 6 月出台的《南宁市本级科技保险补贴资金使用管理办法（征求意见稿）》，对投保专利类保险，按照实际支出保费的 70% 给予保费补贴；投保产品研发责任保险、关键研发设备保险、营业中断保险、产品责任保险、产品质量保证保险、小额贷款保证保险 6 项保险产品，按照实际支出保费的 60% 给予保费补贴；投保其他 7 项保险产品按照实际支出保费的 30% 给予保费补贴。而且，南宁市正积极引导南宁市南方融资性担保有限公司为企业、南宁市小微企业融资担保有限公司等各类担保机构的专利权质押融资业务提供担保服务；创新发展集合抵押担保等新型担保，探索建立社会化专利权益担保机制。

6.4.4　完善专利流转交易服务体系

本书设计的专利权质押融资综合服务平台设置了专利交易功能模块，对接了北部湾产权交易所以及国内较为成熟的专利权交易平台，可对接异地交易需求，对出现违约企业的质押专利及时进行许可、拍卖、转让等。平台认真履行知识产权信息披露、挂牌交易、资金结算等职责，确保市场安全、有序运行，维护交易双方的合法权益。至于知识产权交易的具体环节，则由交易双方当事人自由沟通、协商，无须平台过度干预。另外，平台积极推进建立一套符合知识产权自身特点以及交易特点的科学合理的交易规则，同时，也是体现公平、诚信、交易自由的原则，以便对知识产权交易加以规范，鼓励、引导交易主体遵循规则，形成良好的交易习惯。

同时，平台积极探索"保证资产收购价格机制"，当企业向金融机构提出知识产权质押融资请求时，信用担保机构或知识产权质押担保机构做出承诺，保证质押贷款合同到期时，如果债务人不能及时偿债，那么由该机构用预定的价格收购质押的知识产权，即当企业到期不能偿债时，如果提供融资的金融机构处置质押的知识产权有困难时，那么可以以预定的价格售予做出到期收购价格保证的机构。同时，平台积极探索发展知识产权质押融资证券化业务，不断完善退出机制。

参考文献

［1］鲍新中，谢文静，董文妍. 基于改进区间数相似理想解排序法的知识产权质押融资风险评价［J］. 科技管理研究，2020，40（4）：198-205.

［2］刘澄，张羽，鲍新中. 专利质押贷款风险动态监控预警研究［J］. 科技进步与对策，2018，35（15）：132-137.

［3］南星恒，田静. 知识产权质押融资风险分散路径［J］. 科技管理研究，2020，40（4）：206-211.

［4］钱坤，潘玥，黄忠全. 基于专利质押的P2P网贷信号博弈分析［J］. 软科学，2018，32（6）：108-118.

［5］李菡，张裕强. 浮动抵押监管：缓解银企信息不对称的有效方式［J］. 金融发展研究，2018（10）：78-82.

［6］王钺淇，刘聪. 实物期权法在专利资产评估中的应用研究：以A公司为例［J］. 大众投资指南，2019（18）：293-295.

［7］冯晓青. 关于中国知识产权保护体系几个重要问题的思考：以中美贸易摩擦中的知识产权问题为考察对象［J］. 学术前沿，2018（9）：27-37.

［8］刘林青，谭力文. 专利竞争优势的理论探源［J］. 中国工业经济，2005（11）：89-94.

［9］张淑英，雍巧云. 基于不同生命周期的高新技术企业融资决策［J］. 财会通讯，2018（32）：14-19.

［10］黄巍巍，赵柏功，刘楚薇. 融资交易对企业实际外部融资能力的影响：基于沪深 A 股的实证研究［J］. 金融论坛，2019，24（2）：56-68.

［11］茅于轼. 信用不足是需求不足的最终原因［J］. 改革，1999（3）：83-86.

［12］孙杰. HT 融资担保公司风险管理研究［D］. 石家庄：河北大学，2018.

［13］何涌，黄蕴洁. 信用担保产品创新动因：缓解我国中小企业"融资难"的经验证据［J］. 系统工程，2016，34（12）：38-43.

［14］车安华，马小林. 基于征信与担保视角破解小微企业融资难［J］. 征信，2018，36（8）：35-38.

［15］贾康，刘微，孟艳，等. 财政支持中小企业信用担保政策

研究［J］. 金融论坛, 2012, 17 (4)：4-13.

［16］叶莉, 胡雪娇, 陈立文. 中小企业政策性融资担保的实践效应：基于上市中小企业及银行实证研究［J］. 金融论坛, 2016, 21 (6)：48-61.

［17］张涛, 李刚. 企业知识产权价值及其评价研究［J］. 改革与战略, 2006 (8)：23-26.

［18］万小丽, 朱雪忠. 专利价值的评估指标体系及模糊综合评价［J］. 科研管理, 2008 (2)：185-191.

［19］谢智敏, 郭倩玲, 伊雷, 等. 我国专利组合文献研究综述［J］. 科技管理研究, 2015, 35 (6)：122-127.

［20］刘林青, 谭力文. 专利竞争优势的理论探源［J］. 中国工业经济, 2005 (11)：89-94.

［21］岳贤平. 专利组合的存在价值及其政策性启示［J］. 情报理论与实践, 2013, 36 (2)：35-39.

［22］于华伟, 袁晓东, 杨为国. 专利证券化：资产选择与转移问题研究［J］. 科技管理研究, 2007 (5)：227-229.

［23］林晓安. 中小高新技术企业专利证券化融资研究［J］. 特区经济, 2010 (11)：263-264.

［24］庞莹颖. 中国专利信托运营模式研究［D］. 合肥：中国科学技术大学, 2018.

［25］李娟娟. 我国专利权质押融资法律问题研究［D］. 兰州：兰州财经大学，2018.

［26］王轶英，姚海鑫，薄澜. 高新技术企业无形资产质押融资的博弈分析［J］. 辽宁大学学报（哲学社会科学版），2017，45（5）：92-101.

［27］李平，侯雅锋. 知识产权融资研究综述［J］. 电子科技大学学报（社科版），2016（2）：55-61.

［28］徐鲲，张楠，鲍新中. 专利价值评估研究［J］. 价格理论与实践，2018（3）：143-146.

［29］于谦龙，赵洪进. 企业专利资产价值评估研究综述［J］. 现代情报，2014，34（9）：171-176.

［30］郑成思. 知识产权论［M］. 北京：社会科学文献出版社，2007.

［31］程文婷. 专利资产的价值评估［J］. 电子知识产权，2011（8）：74-80.

［32］许泽想. 新兴产业创业期企业无形资产评估：以专利组合价值评估为例［J］. 中国商贸，2015（3）：142-146.

［33］靳晓东，谭运嘉. 一种专利组合价值评估模型的设计［J］. 数量经济技术经济研究，2013，30（4）：99-110.

［34］桑一博，姚王信，李艳萍. 涉农专利质押融资能力影响因

素分析 [J]. 天津农学院学报, 2018, 25 (2): 74-79.

[35] MICHELE G, LIVIO C, FRANCESCO R. Valuating and ana-lyzing the patent portfolio: the patent portfolio value index [J]. Europe-an journal of innovation management, 2018, 21 (2): 174-205.

[36] SCOTT H R, SAVAGE S J, WALDMAN D M. Using aggre-gate market data to estimate patent value: an application to United States smartphones 2010 to 2015 [J]. International journal of industrial organi-zation, 2018 (60): 1-31.

[37] MANN W. Creditor rights and innovation: evidence from patent cahateral [J]. Journal of financial economics, 2018, 130 (1): 25-47.

[38] MICHALE S. Kramer, valuation and assessment of patents and patent portfolios through analytical techniques [J]. The John Marshall re-view of intellectual property law, 2007 (6): 463-488.

[39] COLLAN M, KYLAHEIKO K. Forward-looking valuation of strategic patent portfolios under structural uncertainty [J]. Journal of in-ternational property rights, 2013 (18): 230-241.

[40] OUYK., WENG C S. A new comprehensive patent analysis approach for new product design in mechanical engineering [J]. Techno-logical forecasting and social change, 2011, 78 (7): 1183-1199.

[41] ARVIN P, PAUL G. How to value IP portfolios for acquisi-

tion [J]. Intellectual asset management, 2014 (1): 57-62.

[42] MICHELE G, LIVIO C, FRANCESCO R. Valuating and ana-lyzing the patent portfolio: the patent portfolio value index [J]. Europe-an journal of innovation management, 2018, 21 (2): 174-205.

[43] LEE J Y, MANSFIELD E. Intellectual property protection and US fvreigm direct investment [J]. The review of economics and statistics, 199b, 78 (2): 181-186.

[44] KITCHING J, BLACKBURN R. Intellectual property manage-ment in the small and medium enterprise SME [J]. Journal of small busi-ness and enterprise development, 1998, 5 (4): 327-335.

[45] VERSPAGEN B. University research, intellectual property rights and European innovation systems [J]. Journal of economic sur-veys, 2006, 20 (4): 607-632.

[46] HERTZFELD H R, LINK A N, VONVRTAS N S. Intellectual property protection mechanisms in research partnerships [J]. Research policy, 2006, 35 (5): 825-838.

[47] LICHTENTHALER U. Intellectual property and open innova-tion: an empirical analysts [J]. International journal of technology man-agement, 2010, 52 (314): 372-391.

[48] CANDELIN P H, SANDBERG B, MYLLY U M. Intellectual

property rights in innovation management research: a review [J]. Techno-vation, 2012, 32 (9-14): 502-512.

[49] BEZANT M. The use of intellectual property as security for debt finance [J]. Journal of knowledge management, 1997, 1 (3): 237-243.

[50] DAIES I. Secured financing of intellectual property assets and the reform of English personal property security law [J]. Oxford journal of legal studies, 2006, 26 (3): 559-583.